Comment accommoder sa vie
à la manière zen

Bernie Glassman
et Rick Fields

Comment accommoder sa vie à la manière zen

Traduit de l'américain
par Joa Scetbon-Didi

Albin Michel

Albin Michel
■ *Spiritualités* ■

Collections dirigées
par Jean Mouttapa et Marc de Smedt

Titre original :

INSTRUCTIONS TO THE COOK
A ZEN MASTER'S LESSONS IN LIVING A LIFE
THAT MATTERS

www.albin-michel.fr

ISBN 2-226-13288-0

Je dédie ce livre à mon maître, Hakuyu Taizan Maezumi Roshi, décédé le 14 mai 1995 à l'âge de 64 ans. Maezumi Roshi fut un grand maître zen, et le père de notre lignage aux États-Unis et en Europe. J'aimerais lui offrir ces vœux :

Me mouvant librement dans un samadhi
autonome
Et dans d'autres samadhis,
Je fais le vœu de préserver et de nourrir
Le sceau de l'Esprit Un du Bouddha ;
Vie après vie, naissance après naissance,
Pratiquant avec diligence,
Je fais le vœu de ne pas laisser mourir la
graine de sagesse
Des bouddhas et des ancêtres.
Sincèrement ! Je fais ce vœu devant toi.
Avec une profonde reconnaissance

Bernard Tetsugen Glassman

PROLOGUE

Préparer le menu

Quand j'ai commencé à étudier le zen, mon maître m'a donné un koan — une question zen — auquel je devais répondre : « Comment avancer après avoir atteint le sommet d'un poteau de trente mètres ? » Un esprit rationnel n'est d'aucune utilité pour répondre logiquement à ce koan, comme d'ailleurs à toute question zen. Vous pouvez méditer longuement, retourner voir le maître zen, et lui dire : « La réponse est de vivre pleinement. » C'est un bon début. Mais ce n'est que la partie rationnelle, la partie logique de la réponse. Il faut aller plus loin. Il faut démontrer la réponse, l'incarner. Il faut montrer au maître zen comment vous vivez pleinement dans le moment présent. La réponse doit se manifester dans votre vie, dans votre rapport quotidien aux autres, au marché ou sur votre lieu de travail, au temple ou dans la salle de méditation.

Lorsque nous vivons pleinement notre

vie, celle-ci devient ce que les bouddhistes zen appellent le « repas suprême ».

Pour préparer ce repas suprême, nous considérons quels sont les ingrédients disponibles, nous préparons avec ceux-ci le meilleur repas possible, que nous offrons.

Ce livre parle de la manière dont se cuisine le repas suprême de la vie.

Ce livre parle de la manière dont on redescend du poteau de trente mètres.

Ce livre parle de la manière dont on vit pleinement sur la place du marché.

Et dans chaque sphère de la vie.

Ceux qui viennent me voir en ma qualité d'enseignant zen le font le plus souvent parce qu'ils ont la sensation d'un manque dans leur vie. On pourrait même dire qu'ils s'intéressent au zen parce qu'ils ont faim, d'une manière ou d'une autre. Ce sont peut-être des hommes d'affaires accomplis, mais ils ont l'impression d'avoir négligé les aspects plus profonds, plus spirituels de la vie. Ceux-ci viennent au zen pour trouver un sens. D'autres, au contraire, ont consacré tant de temps à leur propre recherche spirituelle qu'ils ont fini par négliger leurs moyens d'existence. Ceux-là viennent au zen pour « recoller les morceaux ».

Il y a aussi ceux qui veulent pratiquer le zen pour des raisons de santé. Ils jugent la posture et la respiration accompagnant la méditation zen très utiles. En effet, une pratique régulière de la méditation zen réduit la tension artérielle et améliore la circulation du sang. Les poumons fonctionnent mieux, la respiration est plus profonde et plus intense.

D'autres sont attirés par le zen dans un souci d'amélioration personnelle. Ils se mettent au zen dans l'espoir de devenir plus productifs ou d'être « meilleurs ».

Enfin, il y a bien sûr ceux qui pratiquent pour des raisons spirituelles. Ils veulent avoir une expérience de satori ou de kensho. *Satori* signifie littéralement « éveil », et *kensho,* « voir dans notre véritable nature ». Cette vue n'est pas le fait de nos yeux, mais de notre corps et de notre esprit tout entier.

Toutes ces raisons sont valables. Le zen peut vous aider à retrouver un équilibre dans votre vie ; le zen peut avoir une influence positive sur votre santé ; le zen peut vous aider à clarifier vos priorités de sorte que vous puissiez réaliser davantage de choses encore.

Le zen peut aussi améliorer votre santé psychologique. La pratique du zen n'élimine pas les conflits et les querelles, mais elle aide à mettre nos problèmes en perspective. La pratique du zen apporte une stabilité. Ainsi, quand nous sommes abattus ou qu'un événement inattendu nous envoie au tapis, nous nous relevons et nous retrouvons notre équilibre plus rapidement.

La pratique du zen peut nous aider de bien d'autres façons encore. Elle peut nous apporter une expérience de paix intérieure ; elle peut améliorer notre concentration ; elle peut nous aider à abandonner nos idées préconçues et nos partis pris ; elle peut nous apprendre à travailler plus efficacement. Tous ces effets sont certes très bénéfiques, mais en un sens, ils restent des « effets secondaires ».

À son niveau le plus profond, le plus élémentaire, le zen — ou tout chemin spirituel — va bien au-delà de ce que nous pouvons en retirer. Le zen est la réalisation de la vie dans tous ses aspects. Ce n'est pas seulement la partie pure ou « spirituelle » de la vie, mais la vie dans sa totalité — les fleurs, les montagnes, les rivières, les cours d'eau, *mais aussi* les quartiers difficiles et les enfants new-yorkais à la rue. C'est le ciel dégagé, le ciel nuageux et le ciel brumeux. C'est le vol du pigeon dans un ciel dégagé, le pigeon déféquant dans ce même ciel, et l'homme qui marche sur le trottoir parmi les excréments du pigeon. C'est l'éclosion de la rose du jardin, la rose coupée et resplendissante dans le vase du salon, la poubelle dans laquelle nous jetons la rose et la benne où la poubelle est jetée.

Le zen est la vie, notre vie. L'objectif est d'arriver à la réalisation que toute chose est l'expression de moi-même — et je ne suis moi-même rien d'autre que la pleine expression de toute chose. C'est une vie sans limites.

De nombreuses métaphores illustrent une telle vie. Pour moi, la plus utile est la métaphore de la cuisine. Les maîtres zen donnent à une vie vécue pleinement et complètement, sans aucune réserve, le nom de « repas suprême ». Celui qui fait l'expérience d'une telle vie, qui sait comment prévoir, cuisiner, apprécier, servir et offrir le repas suprême de la vie, est appelé un cuisinier zen.

Dans un monastère zen, la fonction de cuisinier est considérée comme l'une des plus hautes et des plus importantes. Au XIIIe siècle, Dogen, le fondateur de la plus grande école du bouddhisme zen du Japon, a écrit un célèbre manuel intitulé *Instructions au cuisinier*. Il y relate son périlleux voyage en bateau jusqu'en Chine, où il espérait rencontrer un véritable maître. Quand il arriva finalement à destination, après avoir survécu à des typhons et à des pirates, il fut contraint de ne pas quitter le navire, le temps pour les autorités chinoises d'examiner ses papiers.

Un jour, un vieux moine chinois monta à bord. Il annonça à Dogen être le *tenzo*, ou chef cuisinier, de son monastère. Le lendemain était un jour de congé, le premier jour du printemps, et le cuisinier voulait servir aux moines quelque chose d'inhabituel. Il avait marché vingt kilomètres dans l'espoir d'acheter quelques-uns des célèbres champignons rapportés du Japon par Dogen, les shiitakes, afin de les ajouter à la soupe de nouilles prévue pour le lendemain matin.

Dogen fut très impressionné par ce moine, et il le pria de rester dîner et de passer la nuit. Mais le moine lui répondit qu'il devait retourner sur-le-champ au monastère.

— Il doit bien y avoir d'autres moines capables de préparer un repas en votre absence ? lui demanda Dogen.

— On m'a donné ce travail à faire, répondit le moine, comment pourrais-je le laisser à d'autres ?

— Mais enfin, pourquoi un vénérable ancien comme vous perd-il son temps à faire le pénible travail d'un cuisinier ? s'obstina Dogen. Pourquoi ne consacrez-vous pas plutôt votre temps à la pratique de la méditation ou à étudier les paroles des maîtres ?

Le cuisinier zen éclata de rire, comme si Dogen venait de dire quelque chose de très amusant.

— Mon cher ami l'étranger, lui dit-il, il est clair que vous ne saisissez pas encore le sens profond de la pratique du zen. À l'occasion, faites-moi le plaisir de venir me rendre visite au monastère, et nous parlerons de tout cela plus longuement.

Sur ce, il rassembla les champignons et se mit en route pour le monastère.

Dogen a fini par rendre visite au cuisinier zen, et il a étudié avec lui dans son monastère, ainsi qu'auprès de nombreux autres maîtres. De retour au Japon, Dogen est devenu un maître zen célèbre. Il n'a cependant jamais oublié les leçons apprises en Chine du cuisinier zen. La tâche du cuisinier zen, écrit Dogen, était de préparer le meilleur et le plus somptueux des repas à partir de n'importe quel ingrédient disponible, même s'il n'avait que du riz et de l'eau. Le cuisinier zen utilisait ce qu'il avait, au lieu de se plaindre ou de s'excuser pour ce qu'il n'avait pas.

Les *Instructions au cuisinier* de Dogen peuvent se lire comme un manuel sur l'art de préparer et de servir des repas aux moines. Mais à un autre niveau, c'est un livre sur le repas suprême — notre propre vie —, à la fois le plus grand cadeau que nous pouvons recevoir et la plus grande offrande que nous sommes en mesure d'offrir.

J'ai moi-même pratiqué le zen et étudié les instructions de Dogen pendant de longues années, pour apprendre à devenir à mon tour un cuisinier zen capable de préparer ce repas suprême. Je me suis levé tôt tous les matins, vers cinq heures trente, et je me suis assis pendant plusieurs heures en zazen, la méditation zen. Avec mon maître, j'ai étudié des koans, des paradoxes zen comme « quel est le bruit d'une seule main qui applaudit ? ». J'ai fini par me voir transmettre la mission d'enseigner au sein de l'école zen fondée par Dogen. Les principes appris pendant mes études zen — les principes du cuisinier zen — peuvent être utilisés par tous comme un guide pour vivre pleinement, sur la place du marché, à la maison ou au sein de notre communauté.

Un chef passe de longues années en apprentissage, à préparer et à servir des milliers de repas. Certains chefs gardent leurs recettes et leurs méthodes secrètes. D'autres sont prêts à distiller leurs années d'expérience, y compris leurs échecs, leurs erreurs et leurs succès, dans des recettes que tout le monde peut utiliser pour cuisiner ses propres repas. J'ai distillé dans ce livre mes années d'expérience de cuisinier zen, et j'y ai inclus mes principes et mes recettes pour réussir le repas suprême de la vie.

Le zen est fondé sur les enseignements du Bouddha. Le Bouddha n'était pas Dieu ou un autre nom pour Dieu, ni même un dieu. Le Bouddha était un être humain qui, par ses propres efforts, a eu une expérience d'éveil. L'éveil, l'illumination du Bouddha, est survenu grâce à la pratique de la méditation.

Qu'a découvert le Bouddha ? Il y a plusieurs manières de répondre à cette question. Dans la tradition zen que j'ai étudiée, on raconte que lorsque le Bouddha a eu sa réalisation, il a ouvert les yeux, a vu l'étoile du matin briller dans le ciel, et s'est exclamé : « Comme c'est merveilleux, comme c'est merveilleux ! Tout est éveillé. Tous les êtres et toutes les choses sont éveillés tels qu'ils sont. »

Ainsi, le premier principe du cuisinier zen est que nous disposons déjà de tout ce dont nous avons besoin pour préparer ce repas suprême. À chaque instant, nous prenons simplement les ingrédients disponibles, et nous préparons avec ces ingrédients le meilleur repas possible. En avoir beaucoup ou peu importe guère. Le cuisinier zen regarde simplement ce qui est disponible, et il commence avec cela.

Le repas suprême de ma vie a pris des formes surprenantes. J'ai été un ingénieur aéronautique, un étudiant et un enseignant zen. J'ai également été un homme d'affaires — j'ai ouvert une boulangerie qui est aujourd'hui un succès commercial — et un militant social avec la création du Greyston Family Inn, un organisme ayant pour vocation d'offrir des logements permanents et des formations professionnelles à des familles sans domicile fixe, afin de les aider à devenir autonomes. Je travaille aussi à la création d'un hospice pour séropositifs et d'un centre interconfessionnel.

Bien évidemment, le repas suprême est très différent pour chacun de nous. Cependant, d'après les principes du cuisinier zen, ce repas comporte toujours cinq « plats principaux », ou aspects de la vie : le premier plat a trait à la spiritualité, le deuxième est fait d'étude et d'apprentissage, le troisième concerne les moyens d'existence, le quatrième se compose d'action sociale ou de changement, et le dernier, des relations et de la communauté.

Tous ces plats sont des éléments essentiels du repas suprême. De même que nous avons besoin d'aliments spécifiques pour faire un repas complet capable de nous nourrir, nous avons besoin de ces cinq plats pour vivre une vie pleine.

Il ne suffit pas d'inclure ces cinq plats à notre repas. Nous devons préparer ces cinq plats au bon moment et dans le bon ordre.

Le premier plat, la spiritualité, nous aide à réaliser l'unité de la vie et constitue un point d'ancrage à toutes nos activités. Ce plat est fait de pratiques spirituelles. Prier, écouter de la musique, danser, se promener ou passer du temps seul sont autant de pratiques spirituelles. J'entends par pratique spirituelle toute activité pouvant nous aider à réaliser l'unité de la vie ou à nous en rappeler. C'est le sens des paroles du Bouddha lorsqu'il s'est exclamé : « Comme c'est merveilleux, comme c'est merveilleux. »

Le deuxième plat est l'étude, ou l'apprentissage. Étudier cultive l'intelligence et la vivacité d'esprit. D'habitude, avant de se lancer dans quelque chose, nous étudions. Pour ma part, lorsque j'étudie un sujet, comme les moyens d'existence, l'action sociale ou la spiritualité, j'aime que l'étude et ma *pratique* des moyens d'existence, de l'action sociale ou de la spiritualité soient simultanées. L'étude n'est alors jamais une pure abstraction.

Une fois établie la clarté qui vient avec la tranquillité et l'étude, nous pouvons alors commencer à réfléchir à la préparation du troisième plat, les moyens d'existence. Ce plat nous permet de nous maintenir dans le monde physique. C'est celui du travail et de la vie professionnelle — la viande et les pommes de terre, pour ainsi dire. Prendre soin de nous-mêmes et gagner notre vie dans ce monde sont deux activités nécessaires et importantes pour nous tous, quelle que soit l'image que nous avons de nous-mêmes eu égard à notre degré de spiritualité.

Le plat de l'action sociale se développe tout naturellement à partir des deux premiers mets, la spiritualité et les moyens d'existence. Nous nous mettons à prendre en charge nos besoins élémentaires, et nous devenons plus sensibles aux besoins de notre entourage. Reconnaissant l'unité de la vie, nous allons tout naturellement vers les autres, car nous réalisons que nous ne sommes pas séparés d'eux.

Le dernier plat est celui des relations humaines et de la communauté. Ce plat rassemble en un tout harmonieux tous les éléments apparemment disparates de notre vie. Ce plat transforme tous les autres — la spiritualité, les moyens de subsistance, l'action sociale et l'étude — en un festin joyeux.

Ces plats constituent le repas suprême de notre vie. Cependant, il ne s'agit pas d'essayer d'organiser notre vie de manière à préparer des quantités égales de chaque plat. Nous avons tous besoin d'ingrédients différents, en quantités différentes, à différentes périodes de notre vie. En ce moment, dans votre vie, peut-être avez-vous besoin de porter davantage votre attention sur vos moyens d'existence, ou peut-être plutôt sur la spiritualité. Vous devez constamment réévaluer votre situation. On ne prépare pas un bon repas en utilisant une même quantité de sel et de sucre. Vous devez observer votre situation, et déterminer quelle est, pour ce moment-là, la quantité requise d'ingrédients.

Les gâteaux en carton-pâte se mangent aussi

Le repas suprême est une métaphore. On dit souvent que les métaphores sont à distinguer de la réalité qu'elles décrivent. « La carte n'est pas le territoire », dit un proverbe, ou, comme le formule le zen, « on ne mange pas de gâteaux en carton-pâte ».

En un sens, c'est vrai. Mais comme la plupart des vérités, ce n'est que la moitié ou les trois quarts de la vérité. Dans son plus célèbre ouvrage, le *Shobogenzo*, Dogen va encore plus loin. « Les gâteaux en carton-pâte, eux aussi, sont réels », écrit-il. Les cartes, les recettes et les manuels d'instruction sont écrits avec de vrais mots et montrent de vraies images, véhiculant des informations tout aussi réelles sur nos vies et le monde où nous vivons. Une carte peut nous aider à aller d'un point à un autre ; une recette peut nous aider à faire une délicieuse miche de pain ; et les paroles qui jaillissent de notre expérience et de notre cœur peuvent nous aider à vivre plus pleinement et plus complètement.

Ce livre est donc mon gâteau en carton-pâte. J'espère qu'il vous aidera à découvrir et à pratiquer les principes ancestraux, et néanmoins actuels, du cuisinier zen, pour que vous puissiez préparer, instant après instant, pour vous-mêmes et pour autrui, ce repas suprême. Car le repas suprême — votre propre vie — est le plus beau cadeau que vous puissiez recevoir et la plus belle offrande que vous puissiez faire.

LE PREMIER PLAT

Des recettes pour l'esprit

CHAPITRE 1

Comment devenir un cuisinier zen

J'ai entendu parler du bouddhisme pour la première fois à l'université, dans un cours de religion. Nous lisions le manuel d'Huston Smith, *The Religions of Man*. Une seule page était consacrée au bouddhisme zen, mais elle m'a touché en plein cœur. À cette époque, il n'y avait à New York — et à ma connaissance aux États-Unis — aucun maître ou centre zen. J'ai donc lu tout ce que j'ai pu trouver sur le sujet, et dans ces années-là, cela voulait dire les livres d'Alan Watts et de D.T. Suzuki.

En 1960, j'ai reçu mon diplôme d'ingénieur aéronautique de l'Institut polytechnique de Brooklyn. Quelque temps après, j'étais assis dans une pizzeria à parler avec un camarade de classe de ce que nous allions faire de nos vies. Sans trop réfléchir, j'ai dit avoir trois objectifs. Premièrement, ai-je déclaré, je voulais étudier le zen dans un monastère. Deuxièmement, je voulais avoir une expérience de vie communautaire en kibboutz. Troisièmement, je voulais vivre en vagabond dans les rues du Bowery.

Trente ans plus tard, ces trois objectifs avaient été réalisés, sous des formes, certes, que je n'aurais alors jamais pu imaginer. Environ un an après la fin de mes études, j'ai effectivement passé une année en Israël dans un kibboutz. J'ai bien étudié le zen dans un monastère, même si ce ne fut pas au Japon comme j'avais sans doute dû me l'imaginer dans cette pizzeria, mais en plein cœur du centre de Los Angeles. C'était d'ailleurs davantage un centre zen qu'un monastère, même si nous pratiquions la méditation avec tout autant d'assiduité que la plupart des moines dans les monastères. Et à présent, j'ai réalisé le dernier de mes objectifs, celui de vivre en vagabond dans les rues du Bowery, même si ce ne fut que pour une semaine, et dans le cadre d'une formation professionnelle pour travailler auprès des sans-abri.

Je l'ignorais à l'époque, mais ces trois objectifs, ces trois vœux, formulés si innocemment au cours d'un bavardage entre étudiants dans une pizzeria, étaient en réalité les graines qui allaient devenir un jour mon repas suprême.

À vivre dans un kibboutz, j'ai acquis une profonde estime et un véritable intérêt pour la force de la communauté et de la famille. Sur le bateau à destination d'Israël, j'ai rencontré ma première femme, Helen, la fille d'un rabbin orthodoxe et homme d'affaires. Puis, je suis retourné aux États-Unis pour occuper un poste chez McDonnell-Douglas à Los Angeles, et j'y ai travaillé comme chef de projet pour une mission chargée d'envoyer des hommes sur Mars.

Mon travail était passionnant et enrichissant. Pour autant, ma curiosité pour le zen ne s'estompait pas. Comme je ne pouvais pas tout quitter pour partir au Japon — après tout, j'avais un bon travail et une famille à nourrir —, je lisais des ouvrages et je restais éveillé jusque tard dans la nuit à fumer des cigares et à discuter de zen et de sujets apparentés avec des amis ayant les mêmes centres d'intérêt. J'ai découvert alors un petit temple zen, juste derrière chez moi, à Little Tokyo. Le temple s'appelait Zenshu-ji, et était affilié à l'école zen Soto. Plus tard, j'ai appris que c'était l'école fondée par Dogen, suite à sa rencontre en Chine avec le cuisinier zen.

Avec le recul, je m'aperçois que je suivais déjà le premier principe du cuisinier zen : je commençais avec les ingrédients qui étaient juste devant moi.

À l'époque, l'enseignement du zen à Zenshu-ji était rudimentaire. Le responsable du temple tenait un petit zazenkai — une méditation assise zen — une fois par semaine, le dimanche matin. Et contrairement aux discussions nocturnes et aux débats sur le zen que j'avais avec mes amis, on n'y parlait guère. On ne discutait pas de zen, on ne l'analysait pas, et l'on n'élaborait pas de théories. On le pratiquait. La majeure partie de l'enseignement concernait la posture physique de l'assise. On était assis sur des coussins noirs, des zafus, face au mur. On croisait les jambes du mieux possible, le dos droit, les mains repliées sur les cuisses, les pouces se touchant légèrement, et les yeux à moitié ouverts. Il était conseillé de se concentrer sur sa respiration en comptant silencieusement de un à dix, puis de recommencer. Si on perdait le fil, ou si on dépassait dix (une fois, j'ai même compté jusqu'à cent sans m'en apercevoir), on devait revenir à un, et recommencer. L'exercice était très simple, mais exigeait en même temps beaucoup d'efforts. Entre les périodes d'assise, on pratiquait la méditation marchée.

Un jour, un jeune moine zen du nom de Taizan Maezumi est venu en visite du Japon. Il parlait un peu anglais. Il a fini par devenir mon roshi, ou maître zen. Un jour, après une période d'assise, je lui ai demandé ce que je devais faire pendant la méditation marchée. Il m'a regardé et m'a dit : « Quand nous marchons, nous marchons, tout simplement. »

Quelques mois plus tard, j'ai participé à une retraite de méditation d'un week-end avec Yasutani Roshi, un maître zen en visite du Japon. Yasutani Roshi a donné à chacun de nous un koan sur lequel méditer. Trois fois par jour, nous allions dans une petite pièce pour lui donner notre réponse. Le jeune moine traduisait pour lui. À la fin de retraite, j'ai demandé au jeune moine si je pouvais étudier avec lui. Il m'a répondu qu'il n'avait pas encore terminé ses études, et en attendant, je devais simplement continuer à pratiquer l'assise.

Le jeune moine a fini par fonder un centre zen dans une petite maison du centre de Los Angeles, et je me suis assis avec lui. À l'époque, je me levais tôt pour pratiquer la méditation avant de prendre la voiture pour aller travailler chez McDonnell-Douglas. De retour chez moi près du centre zen, je participais à la méditation du soir. Et dès que je le pouvais, je prenais un congé pour pratiquer pendant des périodes plus longues.

Les esprits affamés

La méditation était le cœur de notre pratique. Mais nous nous adonnions également au chant et à la prosternation. Pendant les retraites de méditation, nous prenions nos repas dans le zendo — la salle de méditation — pour que manger fasse également partie de notre méditation. Avant de commencer, nous offrions de la nourriture au Bouddha, aux enseignements et à la communauté. Et après chaque repas, les restes étaient offerts aux esprits affamés.

Dans le bouddhisme, les esprits affamés sont représentés par des êtres miséreux aux gosiers fins comme des aiguilles et pourvus d'énormes ventres protubérants. Ils ont beau être entourés par de la nourriture, ils n'arrivent jamais à satisfaire leur faim ou leur soif, car ils ne peuvent manger ou boire qu'une seule goutte à la fois. Leurs gosiers sont fins comme des aiguilles, car ils sont tellement empêtrés dans leur conditionnement qu'ils ne peuvent accepter ou apprécier la nourriture étalée devant eux.

En réalité, nous sommes tous des esprits affamés. C'est une métaphore pour la partie de nous-mêmes qui reste insatisfaite. Notre attachement et notre conditionnement nous empêchent de voir la nourriture et la boisson offertes sous nos yeux. Les ingrédients dont nous avons besoin pour préparer un repas nourrissant sont déjà devant nous. Mais nous refusons d'accepter la nourriture offerte. Nous sommes envahis par le sentiment d'être incapables de faire ce qui a besoin d'être fait. Et nous sommes alors toujours à la recherche de ce que nous n'avons pas. Curieusement, nous n'arrivons pas à dire : « Prenons tous ces ingrédients et préparons un magnifique festin. » Tout cela renvoie à une habitude très humaine : nous sommes toujours à la recherche de quelque chose de plus que ce qui est simplement devant nous.

Les esprits affamés se manifestent sous toutes sortes de formes. Un matin, alors que j'étais au volant de ma voiture en route pour le travail, j'ai moi-même fait l'expérience de l'immense fringale que nous avons tous. Je pratiquais déjà la méditation avec assiduité tôt le matin quand j'ai brusquement réalisé l'universalité de la faim. J'ai ressenti cette immense fringale autour de moi. J'ai vu que, quand bien même il y a suffisamment de nourriture dans notre société pour nourrir tout le monde, beaucoup, beaucoup de gens ont faim de nourriture ; j'ai vu que quand bien même certaines personnes ont largement assez de nourriture, elles ont faim de pouvoir ; j'ai vu comment certains d'entre nous sont assoiffés de reconnaissance ou de gloire, et d'autres assoiffés d'amour ; et les chercheurs spirituels, y compris les étudiants zen, ont un appétit insatiable pour l'éveil.

J'ai ressenti cette grande soif, et j'ai aussitôt fait un vœu. J'ai fait le vœu de consacrer ma vie à offrir le repas suprême à tous les esprits affamés dans les dix directions. C'est le vœu du cuisinier zen. Dans le zen, un vœu n'exprime pas une promesse envers laquelle nous nous sentons mal à l'aise ou coupables si nous ne la respectons pas. Un vœu exprime plutôt une *intention* de faire quelque chose.

Nous sommes nombreux à nous imaginer devoir limiter notre repas du fait de la quantité limitée des ingrédients à disposition — que ce soit de la nourriture, de l'argent, du temps, du talent, de l'intelligence ou de l'énergie. Mais un vœu n'est pas limité, ni par l'espace ni par le temps. Nous pouvons faire des vœux aussi étriqués ou aussi larges que nous le souhaitons. Nous pouvons, par exemple, faire le vœu de nourrir une personne, ou nous pouvons faire le vœu de nourrir des centaines ou des milliers de personnes. Nous pouvons faire le vœu de construire des logements pour un seul ou pour des centaines de sans-abri, ou encore pour des milliers de familles. Et nous pouvons même faire le vœu de mettre un terme à la faim ou à la pauvreté. Notre imagination est la seule limite à notre vœu.

Même si un vœu n'a pas de limite, il a une fonction très pratique : il est une boussole, nous indiquant la direction à suivre et nous aidant à maintenir le cap. Mais un vœu n'est en lui-même jamais suffisant. Seul, il reste un potentiel, comme de la levure ou un apéritif. Si nous voulons voir notre vœu se manifester dans le monde, si nous voulons cuire une véritable miche de pain, une de celles que nous pouvons manger et offrir aux autres, nous devons ajouter de la farine et de l'eau, et les pétrir ensemble. Nous devons ajouter de la détermination. L'ajout de la détermination permet à la vision de prendre vie et d'acquérir une force propre. Sort alors du four la miche de pain imaginée, prête à être mangée.

Enseigner la cuisine aux cuisiniers

Le centre zen s'est développé, et je me suis progressivement jeté corps et âme dans ma pratique du zen. J'ai travaillé sur des centaines de koans différents, avec mon maître et avec ses maîtres qui venaient de temps à autre du Japon pour diriger des retraites de méditation. Ma propre pratique a progressé, et de plus en plus de responsabilités m'ont été données. J'ai fini par quitter mon emploi, et je suis devenu un moine à temps complet. En 1976, je suis devenu le premier successeur de mon maître. Tout a été fait dans le respect de la tradition. Je suis même allé au Japon où, pour une nuit, j'ai été le supérieur de deux importants monastères de l'école Soto, ce qui signifiait que j'étais officiellement reconnu au Japon comme enseignant zen.

À mon retour du Japon, j'ai moi-même

dirigé des retraites, sous le regard attentif de mon maître. J'ai également participé à la mise en place d'un certain nombre de programmes : nous avons ouvert une clinique de quartier au service d'une population urbaine hétérogène, nous avons monté une maison d'édition spécialisée en littérature bouddhiste zen, nous gérions également une société de jardinage et de menuiserie, et nous avons acheté et rénové un immeuble résidentiel de l'autre côté de la rue.

Toutes ces activités peuvent surprendre ceux qui pensent que le zen ou la spiritualité constitue une retraite passive à l'écart de la vie. Mais le travail est en réalité un élément très important du zen. Les réalisations et l'égalité de caractère qui peuvent résulter de la pratique spirituelle devraient nous ouvrir les yeux sur les problèmes de notre entourage, et nous aider à être plus efficaces.

En 1979, je suis retourné à New York pour y fonder une communauté zen avec ma femme, ma famille et quelques étudiants. Nous n'avions presque pas d'argent, mais dès le début, notre vision était très grande — en fait, elle était immense.

J'ai tout de suite su que nous allions devoir former une communauté qui inclurait et intégrerait tous les « plats principaux » de la vie. Nous avons commencé par la spiritualité. La pratique du zen était notre pierre de touche.

Ce fut ensuite le tour du deuxième plat, le plat des moyens d'existence. Nous voulions trouver un moyen de gagner notre vie, un moyen d'existence, qui profite aux autres tout autant qu'à nous-mêmes. Et nous voulions nous impliquer dans la vie locale — la sphère de l'action sociale — de façon à transformer les vies des personnes que nous aiderions.

Je ne voulais donc pas me lancer dans une activité commerciale qui ne donne du travail qu'aux seuls étudiants zen et qui ne fournisse un moyen d'existence qu'à notre seule communauté. Je voulais créer une entreprise pouvant également offrir des emplois et une formation professionnelle à ceux qui n'appartenaient pas à notre communauté. Mais au-delà de cela, je cherchais un moyen pour que le commerce en tant que tel puisse devenir un moteur de changement social et une force de transformation spirituelle.

Notre vision pour le troisième plat, l'action sociale, était également très large. Nous ne voulions pas nous contenter de nourrir seulement quelques individus. Nous voulions mettre fin à la misère elle-même, d'abord à Yonkers, là où nous habitions et travaillions, et, par la suite, dans le reste du pays. Quelques années après avoir emménagé à New York, la communauté zen a mis sur pied le Greyston Family Inn et acheté un immeuble résidentiel au 68, avenue Warbuton. Deux ans plus tard, le Greyston Builders, une entreprise de bâtiment créée pour réaliser les rénovations et employant des minorités ethniques, a achevé les travaux de ce bâtiment, et dix-huit familles y ont emménagé dans leurs nouveaux appartements, avant de s'engager dans un processus d'éducation, de soutien psychologique et de formation professionnelle. Et actuellement, nous rénovons deux autres immeubles d'habitation.

Dans tous ces projets, je cherchais un moyen de réaliser mon vœu d'offrir le repas suprême à tous les êtres vivants.

Bien sûr, un tel vœu est, d'une certaine manière, impossible à réaliser. Il y a tout simplement trop d'esprits affamés dans ce monde avec bien trop de besoins. Personne ne peut cuisiner seul un tel repas. Mais le cuisinier zen ne cherche pas à cuisiner seul. Le cuisinier zen apprend à d'autres cuisiniers à faire la cuisine, et ceux-là enseignent à leur tour à d'autres cuisiniers, et ainsi de suite, à l'infini. Ainsi, une seule personne peut avoir un effet considérable. Un simple repas peut être transformé en un gigantesque festin.

CHAPITRE 2

Comment cuisiner

Quand Dogen demanda au cuisinier zen du temple chinois pourquoi il ne laissait pas à ses assistants le soin de sécher les champignons au soleil, le cuisinier lui répondit : « Je ne suis pas les autres. » Nous devons à notre tour réaliser que cette vie est la seule que nous ayons. C'est la nôtre, en cet instant précis. Si nous ne faisons pas nous-mêmes la cuisine, nous gâchons notre vie. « Gardez les yeux ouverts, conseille Dogen. Lavez soigneusement le riz, mettez-le dans la casserole, allumez le feu et faites cuire. Une vieille maxime conseille : "Considérez la casserole comme votre propre tête, et considérez l'eau comme votre sang." »

Si nous cuisinons — et vivons — avec une telle vigilance, les moindres actions de la vie quotidienne et les plus humbles ingrédients se révèlent tels qu'ils sont véritablement. « Manipulez la moindre feuille de salade de telle sorte que cette action manifeste le corps du Bouddha, écrit Dogen. Ceci permet en retour au Bouddha de se manifester au travers de la feuille. »

La transformation

Cuisiner, tout comme la vie, est affaire de transformation. En cuisinant, nous travaillons directement avec les forces élémentaires du feu, de la chaleur, de l'eau, du métal et de l'argile. Nous posons le couvercle sur la casserole, et nous attendons que le feu transforme le riz, ou nous mélangeons la farine à la levure, et nous la mettons à cuire au four. Il y a là quelque chose de caché, de presque magique.

Ce genre de transformation requiert une bonne dose de confiance. Nous travaillons dur pour préparer un repas. Nous lavons le riz, nous pétrissons la pâte, nous cassons les œufs, nous mesurons les ingrédients avec soin, nous incorporons, nous remuons, nous mélangeons. Ensuite, il faut attendre. Il faut laisser le feu et l'eau transformer la nourriture.

Néanmoins, il est également nécessaire de rester vigilant. Nous devons être attentifs à ce qui se passe. Pour le cuisinier zen, le vieil adage « Une marmite surveillée ne bout jamais » est à moitié vrai. Nous laissons le couvercle sur la casserolo, mais de temps à autre nous le soulevons pour goûter.

Le cuisinier zen suit ainsi la Voie du milieu. Nous savons que la soupe mijote tranquillement, et nous vérifions tout de même de temps à autre.

Le cuisinier zen accompli a quelque chose de l'alchimiste. Il peut transformer des poisons en vertus.

Le cuisinier zen n'y parvient pas en ajoutant un ingrédient secret, mais en en laissant un de côté. Le cuisinier zen se défait de l'attachement au moi.

La colère, par exemple, est considérée comme un poison quand elle est motivée par le moi et que le moi est au centre de sa motivation. Mais soustrayez à la colère cet attachement au moi, et cette même émotion se transforme en une farouche énergie de détermination, une énergie très positive. Soustrayez l'élément égotique de l'avidité, et l'avidité se change en un désir d'aider. Supprimez l'orientation vers le moi de l'ignorance, et l'ignorance devient un état d'inconnaissance, permettant à de nouvelles choses de se produire.

Les ingrédients

Comment trouver les ingrédients ? Simplement en ouvrant les yeux et en regardant autour de soi. Nous prenons les matériaux à disposition, devant nous, et avec, nous préparons le meilleur repas possible. À chaque instant, nous travaillons avec ce que nous avons.

Notre corps est un ingrédient, nos relations sont des ingrédients. Nos pensées, nos émotions et toutes nos actions sont des ingrédients.

L'endroit où nous vivons, les feuilles qui tombent, la brume autour de la lune, la circulation dans les rues de la ville, le marché du coin, tous ces éléments sont nos ingrédients. Pour pouvoir voir les ingrédients étalés devant nous, nous devons ouvrir nos yeux. D'habitude, nous créons nos propres limites, notre propre point de vu étriqué, notre propre monde, et nous ne regardons que là. Avec la pratique, notre territoire s'agrandit, et tous les objets du monde deviennent nos ingrédients.

À mesure que nous nous percevons comme étant le monde, à mesure que nous réalisons l'unité de la vie, le monde entier devient disponible. Le cuisinier zen sait alors que chaque aspect de la vie est un ingrédient du repas suprême.

Tout utiliser

Nous avons tendance à ne pas utiliser les ingrédients qui risquent, selon nous, de gâcher notre repas. Nous voulons nous en débarrasser, ou tout au moins les ranger au fond du placard, loin de notre vue, derrière tout le reste. Dogen nous recommande au contraire de sortir tous les ingrédients qui vont, d'après nous, nuire à notre repas, et il nous invite à réfléchir à la manière dont ces ingrédients pourraient contribuer à l'améliorer.

Si, par exemple, un mets ne semble pas convenir en plat principal, peut-être pourrait-il être servi en entrée ou en dessert. On ne peut pas se contenter de dire : « Je ne veux pas qu'il en soit ainsi. Je vais le mettre de côté. » Dire ceci constitue une forme de déni. Que vous le vouliez ou non, ce mets existe.

Imaginez un groupe de personnes créant ensemble une entreprise. La première étape pourrait consister à faire l'inventaire des compétences respectives. Mais décider de ne pas vouloir des qualités de quelqu'un peut poser des problèmes : celles-ci font partie intégrante de l'entreprise. De toute façon, elles finiront par être utilisées, car elles lui sont intrinsèques. La question est de trouver un moyen de les mettre à profit. Si l'on n'en trouve pas, cette personne finira par éprouver de la jalousie, du ressentiment ou de l'ennui. Tôt ou tard, les aptitudes inutilisées rongeront l'entreprise de l'intérieur.

Imaginez, par exemple, quelqu'un d'agressif. Cette énergie peut être exactement celle requise pour certaines tâches difficiles, comme communiquer avec des fonctionnaires récalcitrants. Si quelqu'un est tellement obsédé par les détails qu'il en devient incapable d'avoir une vision d'ensemble, vous n'allez pas l'intégrer à un comité chargé de faire des projets pour les cinq années à venir. En revanche, il pourrait être parfait au poste de comptable, en charge du suivi des factures quotidiennes.

Il peut arriver que, parfois, nous n'arrivions pas à trouver le moyen de mettre à profit les compétences de quelqu'un quand celles-ci semblent nuisibles ou gênantes pour nos objectifs. Dans ce cas, nous prenons la décision claire de ne pas incorporer cet ingrédient particulier au repas que nous cuisinons. Mais nous n'ignorons pas cet ingrédient, nous ne nions pas son existence. Nous le reconnaissons, nous en sommes conscients, et il est même possible que dans un autre contexte, nous soyons capables de l'apprécier. Nous prenons simplement la décision de ne pas en utiliser pour le moment.

Ne rien rejeter

Nous avons tous tendance à rejeter quelqu'un ou quelque chose.

Au début, quand nous nous sommes

installés sur la côte Est, nous nous occupions, avant d'ouvrir à Yonkers notre boulangerie, de la nourriture pour un club très fermé, le Riverdale Yacht Club. Certains étudiants zen considéraient que la préparation de plats gastronomiques et l'apprentissage de l'art de la table ne constituaient guère un *samu* traditionnel, ou pratique de travail — ce n'était pas comme désherber le jardin du monastère ou couper du bois. Beaucoup de nos membres disaient : « Comment pouvez-vous être au service des riches ? En quoi est-ce une activité acceptable pour un centre zen ? »

Le rejet peut prendre des formes très diverses. Nous ne devrions pas exclure les riches simplement parce que nous considérons qu'il est pour ainsi dire plus noble ou plus spirituel de travailler auprès des pauvres. L'étudiant zen qui rejette une personne riche a le même problème que le riche qui rejette l'étudiant zen. Si vous êtes en mesure de travailler avec ce que vous rejetez, vous allez travailler avec vous-même, avec ces parties de vous-même que vous avez jusqu'à présent rejetées. S'il m'est possible de travailler avec une personne riche que j'avais auparavant rejetée, alors je peux commencer à m'occuper de la richesse plutôt que de la pauvreté qui se trouve en moi.

Le même principe est vrai pour les

hommes et les femmes d'affaires qui rejettent leurs concurrents, ou pour les militants sociaux qui refusent de travailler avec le gouvernement. Dans tous les domaines, travailler avec ce que vous avez l'habitude de rejeter est l'une des meilleures façons de favoriser le développement et la transformation. Essayez d'établir un contact avec la personne que vous rejetez ou qui semble vous rejeter. Quand vous tentez de voir le monde au travers des yeux de votre adversaire, vous avez fait un premier pas pour transformer vos ennemis en amis, voire en alliés.

Quand nous avons fondé le Greyston Inn, Jack Meehan, un responsable d'une importante fondation privée, m'a dit : « Évite de travailler avec le gouvernement. Trouve l'argent dans le privé. Tu pourras alors faire ce que tu veux. » Mais pour moi, le gouvernement faisait partie des ingrédients. Même s'il représentait un obstacle, je devais apprendre à cuisiner avec.

D'autres me conseillaient : « Ne te mêle pas aux politiciens. Ils vont tout gâcher. » Mais pour moi, les politiciens faisaient également partie des ingrédients, et je devais apprendre à cuisiner avec, même si cela allait être difficile.

Cependant, je n'essaie pas de changer les ingrédients. Mon but n'est pas que les conservateurs deviennent des progressistes, et les progressistes des conservateurs. Dogen dit que chaque repas doit être une harmonie entre les six goûts — l'amer, l'aigre, le doux, l'épicé, le salé et le sucré. Aucun n'est mieux ou plus important que les autres. Chaque ingrédient a un goût différent, et ils ont tous une raison différente de faire partie du repas. Ils sont tous importants.

Trop de zen

Le plus souvent, nous nous inquiétons de ne pas avoir assez de tel ou tel ingrédient. Mais le cuisinier zen est également conscient du danger de trop avoir. En fait, avoir trop de quelque chose peut être l'un des plus grands pièges. Une bonne chose en trop grande quantité peut très rapidement gâcher un repas. Un cuisinier trop préoccupé par l'ingrédient spirituel pourrait avoir peur de se salir les mains. Il ne cassera jamais d'œufs ou ne coupera jamais de légumes. Si le cuisinier zen donne trop d'importance à cet ingrédient, notre existence quotidienne pourra alors sembler être une illusion, comme si rien n'avait d'importance. Il se met alors à ressembler à Alfred E. Newman, le garçon de la couverture de *Mad Magazine* : « Quoi, inquiet, moi ? » Le cuisinier est tellement dans les nuages, tellement au-dessus de tout, que soit rien ne se passe et le repas n'est jamais cuit, soit le repas est si léger et si aérien qu'il n'a ni substance ni corps.

On dit des gens attachés à l'expérience spirituelle qu'ils « puent l'illumination ». Il faut redescendre de son nuage et travailler dans le monde.

Les épices

Chaque cuisinier a ses goûts propres. Certains aiment que la nourriture n'ait pas un goût trop prononcé, d'autres apprécient les plats épicés. Je fais partie des amateurs de nourriture épicée. À moins de prendre un risque, je ne suis pas à l'aise.

Les risques que j'aime prendre sont ceux qui accompagnent les changements fondamentaux nécessaires à la création d'une société plus éveillée. Ce sont les risques existant quand nous sommes ce que l'homme d'affaires Bob Schwartz appelle des « agents de transformation ». Quand je vois un besoin, je suis enclin à réagir, sans me préoccuper outre mesure de savoir si j'ai suffisamment de ressources à ma disposition.

Les cuisiniers amateurs de l'épice du risque ne peuvent pas avoir peur de l'échec. Les gens considèrent avoir subi un échec quand quelque chose ne se déroule pas comme ils l'avaient prévu.

Mais rien ne se passe vraiment comme prévu.

Cela ne veut pas dire pour autant que nous ne devrions pas essayer de tout faire pour que les choses se passent comme nous voulons qu'elles se passent, ou comme nous aimerions qu'elles se passent. Mais nous ne pouvons pas nous *attendre* à ce qu'il en soit ainsi. Il nous faut en permanence avoir un regard différent sur la situation. Peut-être que quelque chose ne s'est pas produit parce que le moment n'était pas opportun ; peut-être que quelque chose ne s'est pas produit car les bonnes personnes n'ont pas mis leurs efforts en commun ; les circonstances n'étaient peut-être pas bonnes ; et peut-être qu'il faudra attendre encore dix, cinquante ou cent ans. Le monde évolue toujours à son propre rythme.

CHAPITRE 3

Nettoyer la cuisine, c'est nettoyer l'esprit

Nous avons devant nous, en ce moment même, tout ce dont nous avons besoin pour commencer.

D'habitude, lorsque nous voulons nous lancer dans un nouveau projet, que ce soit une nouvelle activité professionnelle, une nouvelle relation ou une nouvelle vie, nous sommes pressés. Nous voulons nous y jeter à corps perdu, et faire quelque chose, n'importe quoi. Mais le cuisinier zen sait que nous ne pouvons préparer un repas si la cuisine est encombrée de la vaisselle de la veille. Pour distinguer les ingrédients déjà disponibles dans notre vie, nous devons faire de la place. « Lavez les baguettes, les louches, et tous les autres ustensiles, recommande Dogen. Manipulez-les avec une même attention et vigilance, en les replaçant là où ils doivent être. »

Nous commençons donc toujours par nettoyer. Même si la cuisine semble être propre, il faut la nettoyer à nouveau, chaque fois que nous voulons y préparer un nouveau repas. C'est comme lorsque nous prenons un verre sur l'étagère : avant de le donner à un invité, nous l'essuyons.

Le nettoyage transforme le cuisinier tout autant que l'environnement et les gens s'y trouvant, que nous soyons dans une pièce de méditation, un séjour, une cuisine ou un bureau. C'est pourquoi, dans les monastères zen, on insiste tant sur la propreté. Il est sans importance de savoir si c'est sale ou non. Nous nettoyons, tout simplement.

Nettoyer nous permet également de constater quels sont les ingrédients disponibles. Nous pouvons faire l'inventaire de nos ingrédients. Par exemple, avant de laver les placards, nous devons sortir les bocaux des étagères. Nous voyons ainsi tous les bocaux que nous avons, et nous réalisons que certains sont vides, d'autres presque vides et quelques-uns pleins. Nous sommes en mesure de savoir ce dont nous n'avons pas besoin, ce que nous avons en excédent, ce qui est périmé et ce qui doit être jeté.

La propreté est bien évidemment un idéal jamais atteint. Nous ne pouvons jamais arriver à ce que quelque chose soit parfaitement propre et, par conséquent, ce que nous avons laissé derrière nous devient une partie intégrante des ingrédients du repas suivant. Parce que nous ne pouvons faire en sorte que ce verre soit parfaitement propre, nos nouvelles actions sont conditionnées par ce verre sale. Ainsi, nous pratiquons pour rendre chaque nouvelle action aussi propre et aussi inconditionnée que possible.

Nettoyer l'esprit

Dans nos vies, c'est la même chose : de même que nous rangeons la cuisine avant de commencer à préparer un repas, il est utile de débuter la journée en nettoyant notre esprit. Dans le bouddhisme zen, nous nettoyons l'esprit par la méditation, ou zazen, qui signifie littéralement « seulement s'asseoir ».

Pour moi, faire zazen est une activité comparable à dormir, manger, boire ou aller aux toilettes : si je néglige ces fonctions naturelles, je sens une différence. Si, par exemple, je ne mange pas, je commence à avoir très faim ; si je ne dors pas, je me sens fatigué. Et si je ne m'assois pas, ma vigilance diminue et je me sens décentré.

Nous ne pratiquons pas pour atteindre l'éveil, de même que nous ne mangeons pas ou nous ne respirons pas pour rester en vie. C'est parce que nous sommes en vie que nous respirons ; c'est parce que nous sommes éveillés que nous pratiquons zazen. Dogen dit du zazen qu'il est une manifestation de l'état d'éveil. Nous pratiquons et nous reconnaissons tous nos actes comme une manifestation de l'état d'éveil.

Les ingrédients de base sont simples : un lieu où méditer ; un coussin ou une chaise pour s'asseoir ; et votre corps et votre esprit.

Choisissez un moment de la journée où vos chances d'être interrompu sont minimales, par exemple tôt le matin, avant que la plupart des gens soient levés.

Trouvez un endroit calme, ni trop sombre ni trop clair, où vous n'êtes pas susceptible d'être dérangé. Fermez la porte si nécessaire.

Rendez l'espace esthétiquement plaisant. Selon vos goûts, incluez une image inspirante ou un objet naturel, comme une belle pierre ou une fleur. Les bougies et l'encens sont facultatifs.

Portez des vêtements confortables et amples.

Adoptez une position confortable. Le dos droit et sans tension. Ne vous adossez pas à un mur ou au dossier de la chaise.

Placez votre main droite sur votre cuisse, paume vers le haut, et votre main gauche sur votre main droite, paume vers le haut, les pouces se touchant légèrement. Cette position s'appelle le *mudra cosmique*. Elle crée un climat reposant pour l'esprit.

Si vous vous asseyez sur une chaise, posez les pieds bien à plat sur le sol avec les genoux à environ quinze centimètres l'un de l'autre.

Si vous êtes assis sur un coussin (une couverture pliée fera l'affaire), ajustez la hauteur du coussin pour faire reposer fermement vos deux genoux sur le sol. Le triangle équilatéral formé par cette position donne un soutien à la fois au dos et à la colonne vertébrale.

Gardez vos yeux mi-clos, le regard posé doucement sur un point du sol, à environ un mètre devant vous. Cela permettra aux muscles de vos yeux de se relaxer tout en maintenant un état de vigilance.

Placez le bout de votre langue en haut de votre palais, derrière vos dents. Gardez la bouche fermée et respirez par le nez.

Concentrez-vous sur votre respiration. Observez l'inspiration et l'expiration. À l'inspir, comptez un. À l'expir, comptez deux. Continuez jusqu'à dix, puis recommencez de un à dix.

Si des pensées surgissent, laissez-les apparaître et disparaître. Maintenez votre attention sur le décompte. Si vous remarquez que des pensées vous ont distrait et que vous avez perdu le fil, recommencez gentiment à compter. Reparlez à un.

Continuez pendant deux minutes au minimum et trente au maximum.

Répétez l'exercice tous les jours — ou au moins une fois par semaine.

Redonner au lac sa tranquillité

Pour parler du zazen, j'aime utiliser la métaphore de la lune et du lac. Nos pensées et nos émotions sont comme les ondulations et les vagues sur un lac : elles perturbent la surface réfléchissante du lac, et nous ne pouvons alors plus y apercevoir la réflexion de la lune. Même si nous ne pouvons pas la voir, la lune n'a évidemment pas disparu. Il est important de distinguer les ondulations, mais nous avons également besoin d'apercevoir distinctement la lune pour nous assurer qu'elle est toujours là. La méditation, en laissant les ondulations de nos pensées et les vagues de nos émotions se stabiliser, rend au lac sa tranquillité, et la lune peut alors s'y refléter.

Une place pour tous

Quand nous avons emménagé à New York pour y installer notre communauté, la première chose que nous avons faite fut d'aménager un zendo. Nous avons essayé d'imaginer une salle de méditation n'excluant personne. Je ne voulais pas limiter notre communauté aux seuls bouddhistes. Nous avons utilisé une pièce vide, sans Bouddha ou toute autre représentation. C'était simplement un endroit où s'asseoir en silence. Nous espérions que tous, bouddhistes, chrétiens, juifs, musulmans, hindous ou athées, s'y sentent accueillis pour méditer, prier ou simplement faire à leur manière l'expérience du silence.

Ce n'était évidemment pas si facile. Il fallait bien avoir quelque chose sur quoi s'asseoir. Nous avons opté pour des coussins noirs, ce sur quoi les bouddhistes zen ont l'habitude de s'asseoir. Mais certains avaient le sentiment que c'était trop sobre et trop sérieux, les bouddhistes, eux, n'appréciaient pas l'absence de représentation du Bouddha, et ainsi de suite.

En réalité, ce fut une expérience très instructive. C'était un rappel de l'un des principes de base du cuisinier zen : il est dans la nature même de la forme d'exclure d'autres formes. Dès l'instant où vous créez quelque chose, vous créez des limites. Quelle que soit la profondeur de notre réalisation eu égard à l'absence d'ego et à l'interdépendance de tous les êtres, nous ressentons toujours une certaine forme de séparation. Et la pratique, le chemin, en essayant d'éliminer cette limite, en crée une nouvelle. L'astuce est, je pense, d'en être conscient, et ainsi, nous pouvons soit repousser la limite, soit envisager une autre façon de tenir compte de l'aspect laissé de côté.

Commencez par ne rien faire

Comme beaucoup de cadres supérieurs à l'emploi du temps chargé, je me lève très tôt. Mais je ne consacre pas ces heures matinales à lire les journaux, à téléphoner ou à me préparer pour les rendez-vous de la journée. Que je sois peu ou très occupé, je commence toujours la journée en m'asseyant en méditation.

Bien que nous disposions déjà dans notre communauté d'une pièce de méditation — et c'en était un élément central —, quand nous avons ouvert la boulangerie, nous avons aménagé un lieu pour la méditation. Nous avons installé un zendo, une salle de méditation, à l'étage supérieur de la boulangerie, et nous y avons pratiqué la méditation tous les matins, de cinq heures et demie à sept heures, avant de commencer le travail.

Bien sûr, tout le monde n'a pas la place d'avoir une pièce à part pour la méditation. Mais cela ne devrait pas nous arrêter. Dans les bureaux du Greyston Family Inn, les locaux administratifs pour notre travail avec les sans-abri, nous commençons également la journée en nous asseyant en silence autour de la table de conférence pendant une quinzaine de minutes avant le début de notre réunion du matin. Et au 68, avenue Warburton, l'association des colocataires débute leurs réunions par quelques minutes de silence.

Le silence de la méditation peut avoir un pouvoir fantastique. Un jour, j'ai donné une conférence devant un groupe interconfessionnel qui préparait des résolutions pour les Nations unies. J'ai suggéré de demander à tous les membres de nos groupes de respecter à midi une minute de méditation silencieuse en faveur de la paix. Pouvez-vous imaginer le monde entier s'arrêter pendant une minute ? Je suis convaincu que si le monde entier s'asseyait en silence pendant une minute, cela aurait plus d'incidence pour la paix dans le monde que dix ans de négociations.

L'un des participants de cette réunion, frère David Steindl-Rast, un moine bénédictin, observe à midi cette minute de silence depuis maintenant dix ans. Il s'en souvient en réglant la sonnerie de sa montre. Cependant, « midi » peut avoir lieu n'importe quand. À l'époque où notre boulangerie opérait la nuit, nous observions notre minute de silence à minuit.

Le vide de la méditation ne signifie

pas un manque ou une absence de quelque chose. C'est en réalité un état d'ouverture rendant toute chose possible. C'est comme l'espace à l'intérieur d'une tasse ou au centre d'une roue. Une tasse pleine ne peut rien accueillir, tandis qu'une tasse vide peut recevoir toutes sortes d'offrandes. Et une roue sans un trou pour l'essieu ne peut tourner.

Cet espace vide est complètement éveillé et vivant. Toutes les formes et toutes les énergies du monde en surgissent, tels les nuages se formant dans un ciel bleu et dégagé.

Chaque chose à sa place

Nous nous imaginons souvent que pour être quelqu'un de spirituel ou d'éveillé, nous avons besoin de faire des expériences particulières, de même que nous nous imaginons que pour faire un repas succulent ou pour devenir un grand chef, nous avons besoin d'ingrédients particuliers et d'une cuisine complètement équipée. Mais la seule chose à faire pour préparer un repas, c'est de ranger toutes les casseroles et les poêles, et de mettre les ingrédients à leur place ; et la seule chose à faire pour être en contact avec notre spiritualité est de laisser l'esprit s'apaiser de lui-même, tel un verre rempli de l'eau trouble du robinet.

Les Japonais identifient parfois l'ordinaire à l'ordre. L'ordre crée la simplicité, à partir de la manière dont les choses sont ou fonctionnent. Comme dit Dogen : « Placez en hauteur ce qui va naturellement en haut, et disposez sur les étagères du bas ce qui serait plus stable sur les étagères du bas ; ce qui a sa place en hauteur se range en haut, et ce qui a sa place en bas y trouve là une plus grande stabilité. » Dans la cuisine d'un monastère zen, par exemple, les couteaux sont suspendus près du bloc à découper et le seau est accroché près du puits. Quand, avant d'entrer dans la salle de méditation, les moines retirent leurs chaussures, non seulement ils les alignent avec soin, mais ils les disposent avec la pointe tournée de telle façon que lorsqu'ils les enfilent pour la méditation marchée, elles sont dans la bonne direction.

Disposer de quelques éléments essentiels ou disposer de beaucoup importe peu. Travailler dans une cuisine rudimentaire ou dans une cuisine dernier cri, équipée de machines à couper le pain automatiques, d'un micro-ondes et des dernières nouveautés, ne change rien : il faut toujours tout remettre en ordre, à sa place. Si nous procédons ainsi, la cuisine est en ordre, et l'esprit est ordinaire.

Un jour, un moine demanda au maître zen Baso : « Qu'est-ce que l'Esprit du Bouddha ? » Le maître répondit : « L'esprit ordinaire. » La méditation permet aux choses de retrouver leur place, et nous pouvons alors distinguer clairement ce qui traverse notre esprit et abandonner nos jugements. Nous ne disons pas : « Aujourd'hui, je ne vais pas manger de sel, je peux donc m'en débarrasser. » Simplement, nous remettons le sel là où il se range. De même, dans notre vie, il faut laisser les choses reposer. En agissant ainsi, nous découvrons que nous avons créé un espace dans lequel tout peut trouver sa propre place. Notre esprit ordinaire, quand tout a trouvé naturellement sa place, est l'esprit éveillé.

Mettre les gens à la bonne place

À la boulangerie Greyston, nous appliquons ce principe dans la conception de notre programme de formation professionnelle. Quand nous embauchons de nouveaux employés, nous prenons en considération l'ensemble de leurs aptitudes. Nous essayons de les mettre à la bonne place.

De nombreuses entreprises aimeraient travailler avec des chômeurs de longue durée et des personnes sous-qualifiées des quartiers difficiles. Mais elles font l'erreur de considérer le lieu de travail avant la main-d'œuvre. Elles conçoivent des outils de production automatisés et compliqués, et elles se plaignent ensuite de l'incapacité de leurs employés à s'en servir.

Nous, nous considérons d'abord les compétences de l'employé. Nous n'embauchons pas quelqu'un au savoir restreint et aux compétences limitées pour le placer à un poste exigeant des qualifications importantes. Nous concevons un processus de production adapté aux aptitudes de notre main-d'œuvre.

Nous n'avons pas débuté avec beaucoup de matériel très coûteux. Au fur et à mesure que nos employés ont acquis un savoir-faire et de l'expérience dans des manipulations simples et qu'ils ont adopté de meilleures habitudes de travail, nous avons fait évoluer notre équipement. Et nos employés ont fait évoluer leurs compétences.

La confusion liée au conditionnement

Le conditionnement génère de la confusion, nous empêchant de nous voir nous-mêmes et de voir les choses avec clarté. Ce conditionnement est bien sûr très naturel, tout comme les ondulations et les vagues d'un lac sont naturelles. Le conditionnement est le fruit d'événements antérieurs : quand des choses se produisent un certain nombre de fois d'une certaine manière, nous nous habituons à nous attendre à les voir se produire ainsi. Et nous nous comportons alors comme nous l'avons fait par le passé. Mais en réalité, tout est toujours en train de changer. Il n'y a pas deux moments identiques.

La méditation, ou toute autre technique pratiquée qui nous permet de nettoyer notre esprit, peut nous aider à nous libérer de notre conditionnement en nous donnant l'occasion de nous dessaisir de nos attachements passés.

Attention, il ne s'agit pas d'oublier le passé, mais plutôt d'apprendre à nous dessaisir de nos attachements au passé. Si, par exemple, j'ai fait des affaires avec quelqu'un et que celui-ci m'a dupé à cinq ou six reprises, je ne dois pas l'oublier ; mais en même temps, je n'ai pas à être si attaché à ces événements passés que mon opinion actuelle de cette personne s'en trouve influencée outre mesure.

Un proverbe zen dit que si vous n'avez pas vu quelqu'un pendant deux minutes, il ne faut pas supposer que cette personne est la même. Elle a peut-être changé, ou les conditions elles-mêmes peuvent avoir changé. L'important est d'être capable de déterminer ce que je suis en mesure de faire maintenant. Si vous et moi ne sommes pas liés par un conditionnement passé, nous pouvons considérer la réalité avec des yeux neufs.

Tout nouvel instant est alors porteur d'une nouvelle opportunité.

Quand nous avons commencé à travailler avec les sans-abri, un militant défendant les intérêts des habitants du quartier s'est fortement opposé à nous. Il nous appelait les « proxénètes de la pauvreté ». Il avait le sentiment que nous faisions sortir les femmes afro-américaines de leurs hôtels pour les exploiter à la boulangerie, et une fois obtenu ce que nous pourrions retirer d'elles, nous les renverrions à leurs hôtels. Le jour où nous avons cherché à obtenir une autorisation préfectorale pour le bâtiment destiné à héberger des sans-abri, il s'est rendu à l'audience de la préfecture, et il nous a accusés d'être à la tête d'une arnaque ayant pour objectif de détourner des fonds publics à des fins d'enrichissement personnel.

Avec le temps, nous avons appris à mieux nous connaître, mais il restait malgré tout excessivement négatif à l'égard de notre travail. Et un jour, il a appelé. Il souhaitait avoir mon avis au sujet d'un projet d'habitation pour personnes défavorisées sur lequel il travaillait. Ma première réaction a été de m'interroger sur ses véritables motivations.

Mais la situation avait changé. Il avait pu constater les fruits de notre action. D'ailleurs, un membre de sa famille travaillait à la boulangerie. Il ne me téléphonait pas pour se disputer ou se plaindre, il appelait simplement pour avoir notre opinion sur son projet.

Rien ne manque

Par la méditation, nous prenons lentement conscience de l'autosuffisance de notre esprit. Nul besoin d'en rajouter. Nul besoin de nous grandir, ni même de nous « améliorer », car nous avons tout ce dont nous avons besoin en cet instant précis. Mais nous l'oublions.

Une vieille histoire bouddhiste raconte qu'un prince très séduisant se regardait chaque matin au réveil dans le miroir, et il s'exclamait : « Ah ! quelle beauté ! »

Un jour, il se leva, et prit le miroir du mauvais côté, par la face non polie, et ne put y apercevoir son visage. Il sortit du palais en courant et, dans la rue, il se mit à hurler : « Ma tête a disparu ! Ma tête a disparu ! » Il devenait complètement fou à chercher ainsi sa tête manquante.

Il croisa l'un de ses amis, qui l'agrippa au collet.

— Pourquoi cours-tu ainsi ? Ta tête n'a pas disparu ! lui dit-il.

— Si, si, ma tête a disparu. Elle est partie, cria le prince.

Ses amis le ramenèrent au palais, mais malgré tous leurs efforts, ils n'arrivèrent pas à le calmer. Comme ils ne disposaient pas à l'époque de camisole, ils l'attachèrent à un poteau. Le prince hurlait tant qu'ils durent le bâillonner.

Il s'obstinait à se débattre, mais on ne peut pas se débattre indéfiniment. Quand il finit par se calmer un peu, son ami le frappa au visage. « Ma tête est là. Enfin ! » hurla le prince. Il était fou de joie. Les jours suivants, il raconta à qui voulait bien l'entendre combien il était merveilleux et miraculeux d'avoir retrouvé sa tête. Ses amis le regardaient, incrédules. Et il fallut un bon moment pour qu'il cessât d'être aussi exubérant à l'idée d'avoir retrouvé une tête qui n'avait jamais cessé d'être là.

Tel le prince qui croyait avoir perdu sa tête, nous aussi nous courons parfois par monts et par vaux à la recherche de ce que nous avons déjà. La pratique du zen vous attache, et vous oblige à vous asseoir et à rester tranquille.

Cependant, ce n'est en soi pas suffisant. Une fois attachés, nous avons besoin d'être secoués ou remués. Ce choc peut être subtil, comme le son d'un caillou percutant un bambou, la vue d'une fleur de pêcher tombant au sol, ou celle de l'étoile du matin ; il peut aussi être plus brutal : un coup de bâton du maître zen, un pied qui heurte un meuble. Seulement alors réalisons-nous avoir déjà notre tête — et l'avoir toujours eue — et, comme dit Dogen : « Tout est, tel quel, la voie de l'éveil. »

Le zen ne résoudra pas vos problèmes

Le zen peut vous aider à retrouver votre tête, mais le zen ne va pas nécessairement résoudre tous vos problèmes. Je me rappelle avoir entendu un maître zen dire : « Le zen ne vous débarrassera pas de vos problèmes ; tout au plus, il peut vous apprendre à les gérer. » Ma belle-mère, présente ce jour-là dans la salle, demanda : « À quoi ça sert, alors ? À quoi bon, si l'on ne se débarrasse pas de ses problèmes ? »

Le cuisinier zen ne croit pas aux utopies. Des problèmes vont continuer à se poser, dans notre vie personnelle et dans la société. La tâche incombe au cuisinier de préparer un repas et de faire ensuite la vaisselle. On pourrait penser que faire la vaisselle résout le problème de la vaisselle sale. Mais c'est faux, car nous allons prendre un autre repas. Le travail du cuisinier zen est de faire à manger et de faire la vaisselle. Ce processus est sans fin.

En réalité, le vrai problème est de trouver un moyen de nous défaire de cette idée que nous allons nous débarrasser de nos problèmes. C'est seulement après nous en être défaits que nous sommes capables d'être directement en contact avec les véritables problèmes de notre vie.

N'attendez pas d'être éveillés

La clarté de notre vision détermine l'ensemble des ingrédients en présence. La plupart d'entre nous — que nous nous percevions comme des personnes religieuses ou non — s'accorderaient à dire que plus nous avons une perception claire de la situation, meilleurs sont nos projets et nos actions. Pour autant, cela ne signifie pas que nous devons dire : « Je n'ai pas les idées encore assez claires pour distinguer les différents ingrédients ; je vais donc patienter jusqu'à ce que je sois en mesure de les voir distinctement. » Ce que nous voyons, c'est ce que nous devons utiliser. Peu importe quoi, tant que c'est ce que nous voyons. À partir de notre clarté du moment et de ce que nous sommes en mesure de distinguer, nous pouvons agir.

J'avais déjà étudié avec mon maître Maezumi Roshi pendant trois ans quand il me demanda un jour de donner des conférences d'introduction au zen dans des universités du coin. Je lui répondis que je n'étais pas prêt : je manquais de connaissances. Mais il n'accepta pas ma réponse. Il me répondit que l'on n'arrive jamais à un stade où l'on pense avoir suffisamment de clarté pour enseigner. Mais ce n'est pas un problème, car enseigner, c'est en réalité apprendre.

En même temps, nous devons continuer à travailler à l'approfondissement de notre clarté. Vous avez beau être un bouddha, vous pouvez toujours approfondir votre clarté.

Ne pas nettoyer simplement pour nettoyer

Le moment où nous n'avons plus à laver de verres n'arrive jamais. Nous faisons la vaisselle, et une nouvelle pile se forme un peu plus tard. Le processus est sans fin.

Cependant, il est très important de se rappeler que nous ne balayons pas le sol dans le seul but d'avoir un sol propre. Nous lavons les choses pour pouvoir les utiliser à nouveau. Nous lavons le sol pour pouvoir marcher dessus ; nous passons un coup d'éponge sur le plan de travail pour y couper des légumes ; nous lavons les casseroles et les poêles pour pouvoir les utiliser pour la cuisson ; nous lavons les assiettes pour y servir un repas. Et nous nettoyons notre esprit pour aborder chaque instant avec fraîcheur.

LE DEUXIÈME PLAT

Des recettes pour apprendre

CHAPITRE 4

L'Esprit du Débutant

On s'imagine souvent que pour faire quelque chose, quoi que ce soit, il faut préalablement être un expert en la matière. Dans ce but, on se met alors à lire des livres, à assister à des séminaires, à quérir l'avis de spécialistes, et ainsi de suite. Et généralement, on n'a même pas l'occasion d'exercer la compétence que l'on souhaite apprendre, et encore moins de la maîtriser.

Pour le cuisinier zen, l'apprentissage est abordé très différemment. Ce n'est pas la voie de l'expert mais celle du débutant. Lorsque nous apprenons quelque chose, l'attitude à adopter s'appelle l'Esprit du Débutant.

L'une des meilleures illustrations de l'Esprit du Débutant est celle du bébé qui apprend à marcher. Les bébés ne lisent pas de livres sur la marche, ils ne se rendent pas non plus à des congrès sur le sujet. Simplement, ils se mettent debout, font un pas en avant, et tombent. Et ils recommencent. En tombant, peut-être éprouvent-ils de la frustration ou de la colère, mais ils ne se découragent pas. Ils ne disent pas : « Vous voyez bien, c'est la preuve de mon incapacité à marcher ! Je ne vais jamais réussir à marcher. Marcher est impossible ! »

Apprendre de la peur

Plus nous ouvrons les yeux, plus nous avons de quoi travailler. Nous avons tendance à nous imaginer qu'en avançant sur le chemin spirituel, nous nous approchons d'une sorte de moi pur et véritable. Mais nous ne voulons pas reconnaître que l'autre partie de nous-mêmes, celle qui est confuse et apparemment impure, est *aussi* le vrai moi. Si nous acceptons vraiment que nous sommes pour toujours dans l'illusion, il faut accepter le fait que ce moi plongé dans l'illusion *est* le moi véritable, ou bien accepter le fait que nous n'accéderons *jamais* au moi véritable.

Cette situation nous plonge dans une sorte d'impasse. Pour adopter l'Esprit du Débutant, il faut admettre que les choses sont ainsi. Mais nous ne voulons pas l'accepter, et ce refus engendre une forte résistance. Nous devons être capables de chevaucher ce qui est comme on chevauche un taureau sauvage. Nous devons endurer la douleur et apprendre d'elle.

Dans la vie, nous avons tendance à éviter ce qui nous effraie. Mais pour devenir des êtres entiers, nous devons sonder de plus en plus profondément en nous-mêmes en nous mettant de plus en plus au contact de ce qui nous effraie.

Faire notre propre inventaire

Dans le programme d'étude de notre communauté zen, nous commençons l'étude du moi en identifiant nos signes distinctifs et nos traits de caractère.

Le programme de désintoxication en douze étapes d'Alcooliques Anonymes met également à profit cette technique de l'inventaire personnel. La quatrième étape du programme demande aux participants de « procéder sans peur à un inventaire moral de nos propres défauts ». Le programme est très efficace et d'une grande force, et il m'a beaucoup appris. Cependant, j'étais mal à l'aise avec cette notion de « défauts ». Notre approche est un peu différente. Nous préférons faire l'inventaire de tous les *signes distinctifs* que nous sommes en mesure d'identifier, sans les juger bons ou mauvais.

Ce n'est pas si facile. Nos ingrédients sont souvent enfermés au fond d'un placard, tels de vieux vêtements que nous avons à présent honte de porter, ou des épices moisies conservées trop longtemps sur l'étagère. Il faut une bonne dose de courage pour les sortir et les regarder en face, sans jugement. C'est pourquoi la quatrième étape du programme d'AA utilise l'expression « sans peur ».

Toute perception de nous-mêmes est acceptable. Sortir du fond du placard nos signes distinctifs et les partager avec d'autres faisant de même procure un sentiment de fluidité et d'ouverture.

Certains se perçoivent de façon très limitée. D'autres, au contraire, peuvent se voir comme ayant de multiples facettes, à la limite de la schizophrénie. Je peux par exemple me définir comme un moine zen, un homme d'affaires, un militant social, ou encore un mari et un père. Je m'appelle Bernie, mon prénom d'état civil, ou Tetsugen, mon nom de moine, ou encore Roshi, mon titre d'enseignant zen. Le spectre est très large. Tout est possible.

Une fois nos signes distinctifs sortis de l'étagère, nous les partageons avec les membres de notre groupe. Nous parlons ouvertement de nous-mêmes. Et pour finir, nous faisons une illustration ou une carte de nous-mêmes, et nous la présentons au groupe. Cette présentation peut prendre différentes formes. Ce peut être une peinture, une sculpture, une pièce de théâtre et même une chanson.

Partager le contenu de cet inventaire personnel avec d'autres de façon aussi concrète permet de réaliser que le concept que j'ai de moi-même n'est rien de plus qu'un concept de moi-même. L'inventaire aide à faire sortir les choses, et une fois exposées à la vue de tous, il est plus facile d'utiliser ces caractéristiques comme des ingrédients, ou de lâcher notre attachement à leur égard afin qu'elles ne nous contrôlent pas. Partager notre inventaire nous aide également à nous rendre compte que nous ne sommes pas seuls. Et à sentir un groupe traverser ainsi la même épreuve, notre peur se dissipe largement.

La méditation est un élément très important de l'inventaire. Elle nous aide à distinguer clairement et sans jugements les concepts que nous avons sur nous-mêmes. À ce stade, c'est la seule chose à faire. Nous n'essayons pas de nous défaire de notre moi ou de nos idées sur nous-mêmes. Nous ne nous préoccupons pas d'entrer en contact avec nos enfants intérieurs, avec nos vrais « moi », avec Dieu, ou tout autre terme utilisé pour désigner les états d'éveil.

En procédant à mon propre inventaire avec notre groupe d'étude, j'ai trouvé, comme la plupart d'entre nous, des traits de caractère « bons » et « mauvais ». Je suis par exemple un fonceur. Je suis déterminé à voir les choses avancer. Si quelqu'un a faim, je veux lui donner à manger. Si quelqu'un est à la rue, je veux lui trouver un endroit où vivre.

Mais cette détermination peut s'exercer aux dépens de mes relations avec les personnes très sensibles. Quand on est un fonceur, on a tendance à bouger rapidement. Et cela peut en faire trébucher certains. J'ai également réalisé que je ne remercie pas assez mes interlocuteurs, je ne leur témoigne pas suffisamment ma reconnaissance — car je présuppose toujours que nous devrions continuer à avancer et à faire plus.

J'ai aussi tendance à être têtu. C'est l'aspect négatif. L'aspect positif est que je suis tenace, je n'abandonne pas — j'attends simplement le moment opportun, que les événements ou les circonstances évoluent dans mon sens. Je peux alors aller dans le sens du courant. C'est comme le judo. Parfois, cela peut prendre longtemps. Quand nous avons emménagé à Riverdale, je savais par exemple que je voulais me lancer dans un travail interconfessionnel, mais ce n'était pas le bon moment. Dix ans plus tard, les circonstances ont changé, et c'est le bon moment. Nous avons travaillé à la création d'une communauté interconfessionnelle, la Maison du Peuple Uni, où sont associés des musulmans, des catholiques, des juifs, des bouddhistes et des hindous.

Des traits de caractère aux ingrédients

Une fois que nous avons distingué clairement nos traits de caractère, nous sommes en mesure de reconnaître qu'ils sont notre matière première. Ce sont nos ingrédients.

Nous travaillons au jour le jour avec ces ingrédients, en créant des objectifs à court terme qui reflètent la direction dans laquelle nous souhaitons aller.

Supposez que j'aie distingué la fainéantise comme l'un de mes ingrédients caractéristiques, et que ce trait de caractère m'empêche de m'adonner à une pratique spirituelle. Je pourrais me fixer comme objectif à court terme de méditer quinze minutes par jour, en faisant attention à la manière dont je respecte cette discipline.

Un matin, je vais sortir du lit dès l'arrêt de mon réveil, un autre matin, je vais rester au lit et simplement observer mes réactions lorsque le réveil s'éteint ou que quelqu'un frappe à la porte. Après trois mois, je vais peut-être remarquer que je suis parfois fainéant et parfois pas. Je porte mon attention sur ce trait de caractère particulier pour déterminer à quel point je suis ainsi, ou pour observer l'évolution de ce trait. Et de nouveau, je partage mon expérience avec les autres membres. Ainsi, je me familiarise avec mes habitudes et avec la manière dont elles fonctionnent. Je les envisage comme des ingrédients plutôt que comme des problèmes à résoudre.

Lâcher prise et accepter

Aucun ingrédient n'est intrinsèquement bon ou mauvais. Il y a certes des ingrédients que j'apprécie, et d'autres que je n'apprécie pas ; il y a des ingrédients que la société apprécie et d'autres pas. Mais toutes ces préférences et ces aversions sont très subjectives. Elles relèvent toutes d'une question de goût personnel.

Il est humain d'avoir des jugements, car notre esprit discrimine. Et il est également humain de s'attacher à ces jugements. Par conséquent, quand nous constatons que nous portons un jugement, nous devons garder à l'esprit que, quel que soit le jugement porté, celui-ci est subjectif, et il est à même de changer.

Porter des jugements et s'y attacher peut poser des problèmes. Supposons qu'il se mette à pleuvoir. Si ce jour-là j'avais prévu un pique-nique, je risque de me mettre facilement en colère contre cette pluie pour m'avoir gâché mon pique-nique. Mais le lendemain, cette même pluie peut tout à fait me réjouir, car elle arrose mon jardin. Je peux donc me sentir libre d'éprouver des sentiments et de porter des jugements, *et* je peux me sentir libre de ne pas m'attacher à ces sentiments et à ces jugements. Nous sommes humains, et les circonstances vont faire en sorte que des événements se produisent. Nous éprouverons de la jalousie, de la tristesse et du bonheur.

Notre capacité à nous dessaisir de ces émotions devient un composant de notre repas. Mais celle d'accepter l'apparition de ces mêmes émotions en fait également partie. Nous devons pratiquer *à la fois* le lâcher-prise et l'acceptation. En faisant cela, nous découvrons ce que c'est que de vivre dans un état de liberté.

Nos défauts sont nos meilleurs ingrédients

À considérer nos défauts ou nos faiblesses comme des ingrédients, nous nous enrichissons d'une perspective nouvelle. Ce que nous avions l'habitude de considérer comme des défauts a tendance à être précisément ces ingrédients utilisables pour la préparation d'un succulent repas. Mais à l'instar du chili ou des piments rouges, leur utilisation est délicate. Nous devons les manipuler avec prudence.

Nos défauts ont un potentiel énorme. Il convient donc de connaître leur fonctionnement, sans accroître davantage notre confusion en portant des jugements.

C'est une habitude tenace à briser, mais cela en vaut la peine.

Les traits de caractère que nous considérons comme des défauts nous appartiennent entièrement. Si par exemple nous sommes feignants, nous n'avons pas d'effort particulier à faire pour être feignant, nous n'avons pas à *essayer* de l'être. Si nous sommes soupe-au-lait, nous n'avons pas à développer notre propension à la colère. Nous sommes déjà ainsi. Nos défauts contiennent une formidable quantité d'énergie. Cette énergie peut s'utiliser de manière destructive ou constructive.

De ce point de vue, plus j'ai de défauts, plus je dispose d'ingrédients. La colère peut, par exemple, être l'un de nos ingrédients les plus savoureux. Si nous avons tendance à nous mettre en colère, nous ne cherchons pas à nier cette colère ou à la réprimer. Mais il ne s'agit pas non plus de simplement l'observer ou de l'analyser. Nous laissons la colère se manifester afin de pouvoir la ressentir pleinement. Nous nous asseyons avec la colère. Nous *devenons* la colère. Nous sommes alors en mesure de saisir l'origine de cette colère. Et la colère se transformera d'elle-même — en détermination, par exemple.

Nous reconnaissons la colère comme faisant partie intégrante du repas que nous préparons. Il nous faut donc trouver un moyen de cuisiner un bon mets en utilisant cet ingrédient particulier. Il est possible par exemple de canaliser l'énergie de la colère, et de l'appliquer à la transformation de conditions sociales injustes, comme la pauvreté ou la discrimination raciale.

Quand nous avons achevé la rénovation du bâtiment du 68, avenue Warburton, notre système de sécurité n'était pas complètement au point. Un premier incident a eu lieu : quelqu'un a pénétré dans le bureau du gardien et a volé seize litres de peinture et 10 dollars. Puis, du matériel destiné aux enfants, des dons de jouets d'une valeur estimée à 1 000 dollars, a été dérobé. Tout le monde était furieux. Et personne ne savait quoi faire.

L'association des colocataires a convoqué une réunion de crise, et nous avons pu constater qu'en se concentrant sur des solutions pratiques, la colère s'est transformée en détermination. Un locataire a pris la parole : « Il y a trois ans, *je* faisais ce genre de choses, et à mon avis, c'est quelqu'un d'ici qui a fait le coup. Je pense donc qu'une fois la réunion terminée, nous devrions fouiller tous les appartements de l'immeuble. » Au bout d'une heure, les locataires l'avaient fait. Quelqu'un d'autre a dit : « Dernièrement, je suis rentré tard, et je constate que des personnes suspectes entrent et sortent de l'immeuble. » On a suggéré : « Il y a des interphones pour faire rentrer et sortir les gens, je pense que nous ne devrions pas laisser n'importe qui entrer ou sortir. On ne sait jamais qui se faufile derrière. Je propose donc d'aller accueillir nos invités à la porte. » Tous étaient d'accord. Quelqu'un a proposé : « Nous pourrions constituer une patrouille de locataires pour essayer d'attraper le ou la responsable. »

Jusqu'à présent, nous avions eu du mal à impliquer davantage les locataires dans la gestion du bâtiment, mais la colère déclenchée par les cambriolages les avait littéralement galvanisés. C'était *leur* bâtiment. C'était *leur* espace qui avait été violé, et ils voulaient que cela cesse. Pendant une semaine ou deux, toute la nuit et à tour de rôle, ils montèrent la garde.

Les cambriolages ont clairement démontré la volonté des locataires à prendre en main le bâtiment. Les familles, qui pendant des années n'avaient jamais eu d'endroit où vivre, avaient à présent dans leurs mains les clés de leur propre appartement. Elles n'avaient pas l'intention de laisser quelqu'un les en déposséder. L'immeuble était en train de devenir *leur* maison.

Résoudre un problème

On s'imagine parfois que nous étudiions pour nous défaire de nos illusions

— ou nous amener à un état de compréhension parfaite.

Si nous croyons à l'avènement d'un moment où tout sera parfait, et où plus aucun problème ne demeurera, nous vivons dans le futur. Mais le futur est une illusion. Nous sommes toujours dans l'ici et le maintenant. Nous pensons, et des pensées surgissent. Nous définissons une pensée comme étant relative au passé, au présent et au futur, mais cette pensée du passé, du présent ou du futur se produit en cet instant même.

Il y aura toujours des choses pour surgir de nulle part. Le nombre de techniques apprises n'empêche pas à la vie d'avoir son lot d'imprévus.

C'est un point absolument crucial. C'est vrai pour quiconque se lançant dans un projet. Le problème typique de beaucoup de managers est, par exemple, de vouloir trouver des moyens de se débarrasser de tous les problèmes ; ils ne comprennent pas qu'un bon manager est en réalité quelqu'un sachant gérer les problèmes.

C'est pourquoi il y a toujours la même quantité de choses à faire. D'ailleurs, il y aura toujours *une infinité* de choses à faire. Nous ne pouvons pas arriver à faire en sorte que notre vie, notre activité professionnelle ou notre cuisine se déroule comme nous voudrions qu'elle se déroule. Nous avons beau nous l'imaginer de diverses façons, il ne peut en être ainsi. La vie n'est pas prédéterminée au point qu'il soit possible d'arriver à un certain stade où nous pourrions comprendre tout à coup comment l'ensemble fonctionne. Dans la réalité, nous avons une plus grande lucidité et une meilleure aptitude à gérer les situations à mesure qu'elles se produisent. Et elles ne cessent de surgir, en permanence. Le ciel vide produit toujours de nouveaux nuages. La casserole est toujours en ébullition.

CHAPITRE 5

Les ingrédients de base

D'après la voie du cuisinier zen, l'Esprit du Débutant inclut trois ingrédients. Ces trois ingrédients de base sont le doute, la foi et la détermination. Ils sont comme l'air, l'eau et la chaleur. Chacun d'eux est nécessaire à la préparation du repas.

Le doute est un état d'ouverture et d'inconnaissance. C'est accepter de ne pas être le maître de la situation, de ne pas savoir ce qui va se produire. L'état de doute nous permet d'explorer la réalité de façon ouverte et neuve.

Comme l'eau, le doute est fluide. Il n'a pas de forme déterminée. Si de l'eau est versée dans un récipient rond, elle sera ronde, et si vous en versez dans un récipient carré, elle sera carrée. De même, le doute ou l'inconnaissance évolue en fonction de la situation. C'est un état d'abandon, d'ouverture à ce qui est. Douter, poser des questions nous permet d'aller de l'avant.

Le problème avec le doute est que nous le considérons souvent comme négatif. Nous nous imaginons que quelque chose ne tourne pas rond si nous ne comprenons pas ou si nous n'avons pas un sentiment de certitude. Entraînés par les aspects négatifs du doute, nous nous apitoyons alors sur nous-mêmes. « Comment se fait-il que je sois incapable de comprendre ? »

Mais ce doute peut être positif. Le doute positif nous donne la possibilité de comprendre de quoi cette vie est faite. Le doute peut nous aider à nous débarrasser de notre complaisance. En nous attachant à ce que nous savons ou comprenons, et en étant attachés à un moi complaisant ou satisfait de lui-même, nous restons bloqués en un point mort.

Tout ce que nous pensons savoir est un piège. Tout ce que nous « savons » nous amène à rechercher des moyens de renforcer les convictions auxquelles nous sommes déjà attachés ; ou à limiter le champ de ce que nous pourrions explorer.

Il est certes plus facile de faire l'expérience de notre « esprit contrôleur » et de tous nos attachements que de vivre avec l'ouverture de l'esprit du doute et de l'inconnaissance. Par conséquent, l'exercice consiste à faire une liste de tous nos attachements. Ceux-ci peuvent inclure des idées ou des objets. Vous pourriez par exemple faire une liste des choses dont vous pensez avoir besoin — un certain type de voiture ou un certain genre de vêtements. Vous pourriez ensuite répertorier les idées auxquelles vous attachez de l'importance, ou celles que vous jugez vraies, comme votre conviction qu'il est nécessaire de manger de la viande pour avoir un apport en protéines suffisant. L'objectif est de mettre à plat tous nos attachements — tout ce que nous croyons être essentiel à ce que nous sommes. C'est seulement après nous être dessaisis de ces attachements que nous pourrons faire l'expérience de l'ouverture de l'esprit du doute.

Un autre exercice destiné à éveiller le doute est le koan « Qui suis-je ? ». La question est conçue pour inciter à explorer tous les différents concepts que nous avons sur nous-mêmes. À nouveau, on fait une liste. Je peux commencer par mon prénom : « Je suis Bernie. » Mais je pourrais alors me dire : « Je ne suis pas seulement Bernie. Je suis aussi un ingénieur. » Et à nouveau : « Je suis un père », ou bien : « Je suis un frère. » Et ainsi de suite. Mais quelle que soit la personne à laquelle vous vous identifiez, ce n'est pas vous, mais simplement l'un des rôles que vous prenez. Si vous persévérez, au-delà de vos rôles et de toutes ces identités, vous allez peut-être vous retrouver dans un état où vous ne savez plus rien. C'est l'état de doute dont nous parlons. Il fait voler en éclats cet imbroglio de concepts, où nous portons tant de jugements que rien de neuf ne peut jamais se produire.

Il existe différentes façons de se libérer du piège du « je sais ». Dans le zen, la méditation est utilisée pour réaliser que ce piège est le seul fait de nos propres concepts. Si nous restons silencieux et immobiles, nous pouvons arriver à distinguer clairement nos concepts et à abandonner nos attachements. Et nous nous libérons lentement de notre propre piège.

Ainsi, le koan : « Arrivé au sommet d'un poteau de trente mètres, comment aller plus loin ? » Même si nous avons fait un bon bout de chemin dans la vie, même si nous avons acquis une certaine compréhension, ou réalisation, nous nous accrochons toujours à notre savoir, du haut de notre poteau de trente mètres. Ce koan nous met au défi d'aller plus loin, de faire un saut dans notre doute. Ce saut dans l'inconnu nous permet de comprendre ce que signifie « lâcher l'attachement au moi ».

Le doute nous mène droit à la foi. En nous dessaisissant de tout concept et de toute idée, nous faisons l'expérience de nous-mêmes tels que nous sommes réellement, non pas en tant qu'individus isolés, mais comme faisant partie d'un tout interconnecté. Cette expérience conduit à une foi en l'unité de la vie. Elle nous donne aussi la force de continuer à nous dessaisir de tout, y compris de nos réalisations et de nos accomplissements spirituels. Même si la voie est sans fin, nous continuons.

Le troisième ingrédient est la détermination. Même si vous doutez et que vous avez la foi, agir requiert de la détermination. On peut avoir fait l'expérience de l'unité de la vie, mais sans détermination on risque de finir comme un légume. Il est tout à fait possible d'affirmer que « l'unité de la vie, c'est bien », et de rester au lit à boire de la bière et à regarder la télévision.

La détermination n'a pas besoin d'être extrême ou dramatique. Mais si vous appliquez l'énergie de la détermination, quelque chose se passe : une réaction chimique s'opère — l'eau bout ou se transforme en vapeur, le riz cuit, le pain lève. Vous vous réveillez tôt le matin pour pratiquer la méditation.

Pour devenir un cuisinier zen, ces trois ingrédients doivent être présents. Vous pouvez être très ouvert et faire preuve d'une grande foi, mais si vous êtes dépourvu de détermination — si vous avez l'impression que le moment n'est pas opportun ou que vous n'êtes pas la bonne personne —, rien ne passera.

En fait, la plupart d'entre nous disposent au moins de la quantité minimale de chaque ingrédient requise pour démarrer. Nous avons le plus souvent des doutes quant à notre véritable identité et à la manière dont nous vivons notre vie. Nous faisons preuve, le plus souvent, d'une certaine foi en l'unité de la vie — nous croyons avoir une incidence sur la vie des uns et des autres, ou nous savons, pour avoir lu des ouvrages scientifiques, que nous vivons dans une biosphère interdépendante et, le plus souvent, nous disposons de suffisamment de détermination pour rechercher différentes réponses à nos doutes et approfondir notre foi.

La quantité d'ingrédients à disposition ou leurs proportions sont sans importance. La seule chose importante est d'avoir un peu de chaque chose. Pour commencer, une graine de doute, une pincée de foi, une cuillerée de détermination suffisent au cuisinier zen.

LE TROISIÈME PLAT

Des recettes pour gagner sa vie

CHAPITRE 6

La boulangerie Greyston

Même vieux et malade, Pai-chang, l'un des premiers maîtres zen, se rendait quotidiennement aux champs, accompagné de ses élèves. Ses étudiants avaient bien tenté de le dissuader de travailler, mais rien n'y faisait. Ils finirent donc par dissimuler sa houe. Mais Pai-chang déclara simplement : « Un jour sans travail est un jour sans manger. » Et il refusa de manger avant que sa houe lui soit restituée.

Le plat principal

Lorsque nous avons quitté Los Angeles pour nous installer à New York, nous nous sommes vu offrir la possibilité d'acquérir une grande et vieille propriété à Riverdale, un quartier huppé du Bronx.

Au début, je ne voulais pas acheter le bâtiment. Nous louions déjà un petit appartement qui nous semblait suffire. Mais un certain nombre de personnes, y compris mon maître, pensaient que cet achat serait une bonne idée. Il aimait cette idée de s'enraciner en un lieu, il avait l'impression que cela aiderait le zen à être accepté dans ce pays. Greyston — c'était le nom du bâtiment — était planté sur deux hectares de terrain magnifiquement aménagés, avec vue sur la rivière Hudson et les Palisades. Bâtie en 1863 pour être la propriété estivale de la famille Dodge, elle était construite d'un solide granite gris provenant d'une carrière des environs. Elle avait été dessinée par le célèbre architecte James Renwich Jr., l'auteur du Smithsonian Institute, de l'église Grace et de la cathédrale St. Patrick. La solidité du séminaire Greyston était bien sûr une illusion. Nous avons réuni des fonds pour acheter le bâtiment, et nous avons ensuite subvenu à nos besoins grâce aux dons, et aux revenus générés par les séminaires et les retraites. De nombreuses communautés spirituelles fonctionnent ainsi, mais depuis l'époque de Pai-chang, les bouddhistes zen insistent sur l'importance du travail.

Le plat des moyens d'existence

Nous ne vivons pas pour manger. Nous mangeons pour vivre. De même, nos moyens d'existence sont là pour soutenir notre vie, et non le contraire.

Les moyens d'existence, c'est le plat qui sustente notre corps. Il nous donne une autonomie physique. C'est la viande et les pommes de terre, le riz et les haricots du festin. Ce n'est certainement pas la totalité du festin, ni même nécessairement l'élément le plus important, mais sans lui nous n'aurions pas la force ou l'énergie de préparer ou d'apprécier ce festin, pour nous-mêmes ou pour autrui.

La fonction principale de nos moyens d'existence est d'assurer notre subsistance. Nous avons besoin de gagner suffisamment d'argent pour subvenir à nos besoins et à ceux de notre famille ou de notre communauté. Nous avons également besoin de gagner suffisamment d'argent pour pouvoir en mettre un peu de côté.

Mais pour pouvoir vraiment soutenir et enrichir notre vie, nos moyens d'existence doivent être plus qu'un simple moyen de gagner de l'argent. Le plat des moyens d'existence doit aussi inclure des portions de tous les autres plats. Quand nos moyens d'existence manquent de spiritualité, de travail intellectuel ou d'action sociale — ou s'ils entrent en contradiction avec l'un de ces éléments —, nous ne savourons pas notre travail. Et quand c'est le cas, nous finissons par nous sentir mal nourris ou complètement épuisés.

Dans la tradition bouddhiste, le moyen

d'existence parfait est le cinquième élément du Sentier Octuple enseigné par le Bouddha : compréhension parfaite, pensée parfaite, parole parfaite, action parfaite, moyens d'existence parfaits, effort parfait, attention parfaite et concentration parfaite. Pour le Bouddha, un moyen d'existence parfait ne doit pas causer de tort à autrui. Certains considèrent qu'un moyen d'existence parfait est un moyen d'existence qui éradique complètement la souffrance. Mais toute activité engendre de la souffrance ou porte préjudice. La fabrication de ce livre, par exemple, a nécessité de couper des arbres. Un moyen d'existence parfait est donc un moyen d'existence qui *minimise* la souffrance ou le préjudice causé.

Mais pour le cuisinier zen, le moyen d'existence parfait peut être encore bien plus que ça. Le moyen d'existence parfait est le plat qui sustente *tous* les aspects de notre vie.

Le moyen d'existence parfait comportera une dimension spirituelle. L'aspect spirituel des moyens d'existence parfaits est sa capacité à nous aider à réaliser une transformation de la conscience, allant de l'attachement au moi à la reconnaissance de l'interdépendance avec tous les êtres et avec la terre.

Par exemple, parmi ceux qui sont venus travailler à la boulangerie, beaucoup ont démarré en ne pensant qu'à eux-mêmes. Pour les aider à avoir un aperçu de l'interdépendance de la vie, nous avons créé des équipes rémunérées selon les performances de chacune d'elles. Si un membre d'une équipe ne savait pas bien faire le travail, les membres de l'équipe avaient une motivation pour lui apprendre, car tous gagneraient alors plus d'argent. Le travail en équipe a permis d'éloigner la conscience d'une attitude consistant à ne penser qu'à la manière dont chacun peut s'améliorer individuellement. L'objectif était toujours lié à l'appât du gain, mais il fonctionnait à présent au niveau du groupe dans son ensemble. Cela faisait faire aux salariés un pas de plus vers la réalisation de leur interdépendance, initiant l'étape suivante, et celle d'après, et toutes les autres.

Un autre aspect des moyens d'existence parfaits est d'inclure la dimension de l'étude et de l'apprentissage. Il doit permettre l'apprentissage de nouvelles compétences et nous donner la possibilité d'accroître nos connaissances.

Enfin, un moyen d'existence parfait doit relever de l'action sociale : servir autrui ou lui apporter des bienfaits.

Trouver le moyen d'existence parfait

Ce n'est pas l'activité exercée qui rend un moyen d'existence parfait. C'est la manière dont nous exerçons cette activité.

Certains savent exactement dans quel moyen d'existence ou type d'activité ils veulent s'investir.

Nous ne le savions pas. Nous avons donc commencé par faire une liste des besoins que notre moyen d'existence devait satisfaire. Cette liste nous a donné la recette d'un moyen d'existence parfait. Bien sûr, les besoins, les ingrédients et les goûts de chacun étant différents, les recettes seront différentes. Mais beaucoup de nos préoccupations seront similaires. Voici quelle fut notre recette.

Pour commencer, nous voulions une activité dont nous pourrions être fiers. En tant que communauté bouddhiste zen, nous ne souhaitions pas nous impliquer dans quelque chose qui soit en dehors de la définition bouddhiste des moyens d'existence parfaits. Nous ne souhaitions rien produire qui puisse être nuisible à d'autres.

En termes de spiritualité, l'activité devait pouvoir servir de vecteur à la formation, au développement personnel et à la transformation spirituelle.

En termes de subsistance, nous voulions une activité suffisamment conséquente pour subvenir aux besoins d'une communauté en expansion.

En termes d'apprentissage, nous cherchions une activité qui nous permette de former des étudiants zen sans aucune expérience en affaires. Cela signifiait que nous ne pouvions pas nous lancer dans une activité exigeant des professionnels hautement qualifiés. Nous ne pouvions pas, par exemple, ouvrir une clinique ou un cabinet juridique. À Los Angeles, nous avions été en mesure de gérer une clinique parce que l'un des membres de notre communauté était médecin.

En termes d'action sociale, il nous fallait une activité exigeant une forte main-d'œuvre, qui pourrait générer des emplois pour un grand nombre de personnes. Et enfin, nous voulions une activité dans laquelle nous pourrions exceller, afin que nos produits et notre travail sortent du lot.

Les connaissances

Après avoir défini nos besoins, nous avons fait une liste des activités professionnelles possibles. Nous en avons dénombré environ vingt-cinq. Les activités les plus évidentes de notre liste étaient celles que nous avions démarrées à Los Angeles. Nous avions géré une clinique, une entreprise de bâtiment, un cabinet de paysagisme et une maison d'édition.

Nous avions également de l'expérience dans l'immobilier — nous avions acheté et rénové des immeubles résidentiels situés de l'autre côté de la rue du centre zen. Et puis, bien sûr, nous avions beaucoup d'expérience dans ce qui pourrait être appelé le « commerce du zen », à savoir l'organisation de programmes de formation pour les étudiants résidents, les retraites, les ateliers et les conférences.

Mais l'évidence n'est qu'un point de départ. Nous avons aussi considéré les différentes entreprises avec lesquelles nous pouvions collaborer, en particulier celles qui étaient rattachées à d'autres communautés zen. Le centre zen de San Francisco était un interlocuteur tout naturel. Les membres du centre avaient une ferme, Green Gulch, où poussaient des fleurs, des épices et des légumes issus de l'agriculture biologique ; il y avait également une épicerie où les produits étaient vendus, et Greens, un restaurant gastronomique végétarien si réputé qu'il fallait réserver des mois à l'avance. En outre, ils s'occupaient d'une boulangerie, la Tassajara Bread Bakery, qui s'était développée à partir des pains fabriqués pour les étudiants et les invités du Tassajara Zen Mountain Center. D'ailleurs, le livre de cuisine *The Tassajara Bread Book*, qui contenait nombre de leurs recettes, fut un best-seller dans les années soixante-dix.

Nous avons réfléchi à de nombreuses possibilités, mais nous revenions sans cesse à l'idée de la boulangerie. D'abord, cette activité semblait être l'une des plus rentables parmi celles considérées. Et elle offrait des perspectives d'embauche pour des personnes non qualifiées.

Mais au-delà de toutes ces raisons, l'idée nous semblait tout simplement parfaite. La boulangerie avait ce côté agréable, chaud, douillet. Nous pensions aussi que la boulangerie allait bien avec le zen. Nous nous disions que faire du pain, c'était un peu comme cultiver du riz en Chine. Le riz et le pain sont tous deux faits de graines, tous deux sont des nourritures de base et tous deux nourrissent des peuples entiers.

Il y avait également un autre avantage à faire du pain. Les boulangers ont besoin des mêmes qualités que nous développons dans notre pratique du zen : souci du détail, vigilance, attention méticuleuse, et une interaction harmonieuse entre les différentes personnes impliquées.

Le savoir

Il est important de réaliser qu'il n'y a *rien* à savoir. Il est plus important de posséder l'Esprit du Débutant — un esprit ouvert et vif — que d'être un expert.

En même temps, il est capital de comprendre que vous pouvez apprendre ce que vous avez besoin de savoir de ceux qui savent déjà. Nous avons eu la chance de trouver une autre communauté zen ayant une expérience dans la gestion d'une boulangerie. Nous avons également eu la chance qu'ils acceptent de partager leur expérience avec nous.

Mais il ne faut pas vous arrêter net si vous n'arrivez pas à songer à des gens comme vous prêts à vous aider sur-le-champ. Vous pouvez demander à des amis, à la famille et à des connaissances s'ils connaissent quelqu'un travaillant dans le secteur d'activité où vous voulez travailler. Si cela ne marche pas, vous trouverez contacts et informations dans des revues spécialisées, et en allant à des salons et à des congrès. La plupart des gens adorent parler de ce qu'ils font, car cela leur donne l'occasion de parler de ce qu'ils connaissent — et ce particulièrement quand vous les invitez à déjeuner.

Constatez par vous-même

Nous avons envoyé quatre personnes à San Francisco pour un mois, afin qu'elles apprennent à faire le pain et à faire tourner une boulangerie. C'était bien sûr loin d'être suffisant, mais grâce à la générosité de nos amis du Tassajara

Bread Bakery, nous avons pu beaucoup apprendre. Au retour de notre équipe, nous nous sommes mis à faire des projets. La boulangerie de San Francisco était essentiellement un magasin détaillant. New York présentait un environnement très différent, et nous nous sommes décidés à ouvrir un magasin vendant au détail et à nous lancer dans le secteur de la vente en gros. Nous avons évalué le capital dont nous pensions avoir besoin et le nombre de personnes qui devaient s'impliquer. Six étudiants se sont engagés à travailler pendant trois ans à l'implantation de la boulangerie.

Il n'y a que des détails

Quand vous rédigez un projet d'investissement, vous devez avoir une vision d'ensemble. Vous devez savoir où vous allez.

Mais vous devez aussi savoir comment vous allez y parvenir. Vous devez être attentif aux détails. Lorsque nous réaménagions la cuisine du centre zen de Los Angeles, Maezumi Roshi est venu nous demander comment avançaient les travaux. « C'est presque fini, a répondu fièrement l'un des menuisiers, il n'y a plus que des détails. »

Roshi avait l'air choqué. « Il n'y a que des détails », a-t-il répondu.

Roshi avait une autre manière de le dire : « Une petite chose n'est pas petite. »

Les plans financiers et les plans commerciaux sont toujours prévisionnels : la vie évolue en permanence et nul ne peut anticiper toutes les variations. Mais un projet d'investissement sans détails est inutile.

Être attentif

La plus grande cause d'échec n'est pas due à un manque d'argent, mais à un manque d'attention. L'échec est dû à l'ignorance de ce qui se passe au sein de votre entreprise.

L'attention nous ramène toujours à l'instant présent, aux détails de chaque situation d'un moment à l'autre. La pleine conscience, d'un autre côté, renvoie à la perception de la situation dans sa totalité. Au lieu de faire attention à chaque détail, la pleine conscience adopte une perspective plus large, plus globale. La pleine conscience est l'attention élargie à 360 degrés.

Nous avons passé une année entière en préparatifs. Cette préparation a pris différentes tournures : former des boulangers, se renseigner sur le matériel, étudier le marché et les ventes, trouver un local pour la boulangerie, le rénover et, le plus important, s'assurer d'un soutien financier et de l'engagement d'un noyau dur d'étudiants zen.

Connaissez vos coûts

Pour pouvoir gérer une entreprise, vous devez avoir une idée précise des coûts. Vous devez savoir combien vous allez dépenser et combien vous allez gagner. Et vous devez savoir *quand*. Vous devez savoir quand il vous faudra payer les factures et quand vous allez recevoir de l'argent pour vos produits. Vous devez comprendre le timing. Vous devez savoir quels produits font gagner de l'argent et quels produits en font perdre. Vous devez tenir compte des coûts indirects et des coûts cachés. Vous devez faire attention aux innombrables détails cruciaux qui font le quotidien de votre entreprise.

En rédigeant notre projet d'investissement, nous avons dû évaluer les coûts de la main-d'œuvre, des fournitures et de l'équipement — des chambres froides, des fours industriels, une machine à laver capable de récurer nos moules à gâteaux. Nous avons dû évaluer le coût du loyer, de l'assurance, de l'assistance juridique et de l'emballage. Dans notre plan commercial, nous avons dû considérer les avantages et les inconvénients de vendre au détail, en gros, ou au détail et en gros en même temps.

Dans la vie ou dans les affaires, le prix à payer est le même : vous devez faire preuve d'attention.

D'où venait l'argent ?

Quand je parle de notre travail, c'est l'une des questions les plus fréquentes. La réponse est très simple. Nous l'avons emprunté.

C'est ainsi que la plupart des entreprises démarrent. Dans notre cas, nous l'avons emprunté à l'un de nos membres les plus fortunés. Les banques ne prêtent pas aux jeunes entreprises. Vous devez convaincre quelqu'un — un ami, un membre de la famille, un capital-risqueur — que l'affaire va marcher. Alors évidemment, vous devez prendre le temps de faire des recherches et des plans commerciaux. Au départ, nous avons emprunté environ 300 000 dollars. À l'époque, ce montant paraissait important. Cela s'est révélé très insuffisant.

Pain ou gâteau

Au début, quand nous avons pris la décision d'ouvrir une boulangerie, il nous paraissait aller de soi que nous

nous spécialiserions dans un bon pain complet, activité qui nous semblait être très zen.

Mais après être allé à la Tassajara Bread Bakery et avoir regardé d'un peu plus près la comptabilité de la boulangerie, j'ai été surpris de constater que même si la plupart des clients venaient à la boulangerie pour acheter du pain, une fois à l'intérieur du magasin, ils ne pouvaient pas résister aux pâtisseries. Personne n'osait l'avouer, mais c'est ce qui se passait. Le plus grand secret de la Tassajara Bread Bakery était que le gros de leur recette se faisait sur les gâteaux ! Néanmoins, nous étions toujours attachés à l'idée de faire du pain. Ce que j'aimais le plus, c'était ce que nous appelions le pain de pomme de terre à l'oignon. Ce pain contenait de vraies pommes de terre et des oignons. Nous fabriquions aussi le meilleur challah que j'aie jamais mangé de ma vie, et des challahs, j'en ai mangé beaucoup ! Nous pouvions en vendre autant que nous en produisions. Et nous proposions aussi un délicieux pain de seigle suédois, vendu au Russian Tea Room.

La fabrication du pain posait cependant des problèmes. Comme la plupart des boulangeries, nous cuisions le pain la nuit et nous livrions pendant la journée. À la communauté zen de Riverdale, trente personnes vivaient ensemble. Les deux tiers travaillaient à la boulangerie, et les autres avaient pendant la journée des emplois à l'extérieur de la communauté. Les cuisiniers travaillaient donc la nuit tandis que les livreurs de la boulangerie, les représentants et les employés de bureau travaillaient pendant la journée, tout comme ceux qui avaient un emploi à l'extérieur.

Nous avons fait de notre mieux pour aménager des emplois du temps où la moitié d'entre nous était debout toute la nuit, et l'autre moitié toute la journée. Je pensais que nous pouvions y arriver, mais ce n'était tout simplement pas sain. Cette organisation divisait notre communauté. La moitié d'entre nous dormait la journée pendant que l'autre moitié travaillait. En conséquence de quoi, la communication, qui est l'âme de la communauté, était mise à mal.

Nous avons également découvert qu'en commercialisant le pain à grande échelle, nous entrions en compétition avec de grandes chaînes telles que Pepperidge Farm. Les pâtisseries gastronomiques, en revanche, c'était une tout autre histoire, dans la mesure où elles pouvaient être distribuées dans des magasins spécialisés. Les pâtisseries demandaient beaucoup de main-d'œuvre, ce qui représentait un inconvénient pour de nombreux hommes d'affaires et un avantage pour nous, car ce travail manuel collectif faisait partie intégrante de notre pratique.

La nuit, dans la cuisine de Greyston, nous nous sommes mis à faire des essais. Nous faisions des brownies, des gâteaux au café, des linzertorte, des cookies au sirop d'érable et aux noix, et des gâteaux aux graines de pavot. Ceux qui méditaient le matin se plaignaient des odeurs délicieuses : elles gênaient la concentration méditative ! Et, bien sûr, nous ne manquions pas de volontaires pour tester le fruit de nos expériences.

Malgré tout, il est vrai que vous ne pouvez pas plaire à tout le monde. Quoi que l'on fasse, certains seront en faveur de vos projets et d'autres s'y opposeront. Dans notre cas, certains s'opposèrent à notre obstination de chercher à produire des pâtisseries, car ils estimaient que cela ne constituait pas un moyen d'existence parfait. Pour eux, les gâteaux nuisent à la santé : ils ne satisfont pas des besoins nutritifs de base, ils nécessitent trop de sucre, ou encore ces gâteaux étaient des produits de luxe destinés aux riches.

Ce n'est évidemment pas toujours facile de savoir ce qu'est un moyen d'existence parfait et ce qui ne l'est pas. Les gens ont des opinions très différentes sur ce qui est nuisible. De nombreux fabricants d'armes sont par exemple sincèrement convaincus de participer au maintien de la paix. Pour les gâteaux, une bonne frange de la population, dont je fais partie, apprécie les bons gâteaux, et je pensais que si nous arrivions à fabriquer les gâteaux les plus délicieux et les plus sains qui soient, en utilisant des produits frais plutôt que des produits chimiques nocifs, nous aiderions les amateurs de gâteaux.

Soyez prêts à faire des expériences

Au début, tous ceux qui travaillaient à la boulangerie étaient des étudiants zen. Avec le temps, nous nous sommes mis à embaucher périodiquement non pas un étudiant zen mais un boulanger professionnel. Les limites de notre compétence avaient apparemment été atteintes, et nous avions besoin de quelqu'un de qualifié de qui apprendre.

C'était bien sûr utile, mais notre amateurisme s'est révélé être précisément l'une des clés de notre succès. Comme nous ne possédions pas vraiment un savoir exhaustif en matière de pâtisserie, nous avons fait des expériences non professionnelles : nous avons tenté des expériences auxquelles des boulangers ordinaires n'auraient même pas songé. Nous avons créé des produits inhabituels pour l'industrie, et ils se sont fait un nom.

Nous étions également fiers de l'aspect de nos pâtisseries et de la manière dont elles étaient présentées. Cela reflétait notre formation zen, qui reflétait à son tour les idéaux japonais de beauté et d'harmonie. L'aspect de la nourriture, la dimension esthétique, est une chose très importante pour les Japonais. Ainsi, notre inclination à l'expérience et le soin apporté à la présentation nous ont donné un avantage. Et notre originalité a fait venir les gens à nous.

Quand le chocolatier Godiva a embauché un consultant pour recruter un nouveau pâtissier, celui-ci s'est tourné vers nous, et nous avons été mis à contribution pour leur catalogue de Noël.

L'une des pâtisseries les plus appréciées que nous avons fabriquées pour eux était leur gâteau phare, une très riche tarte au chocolat. Nous l'avions inventée en modifiant une recette de la boulangerie de Tassajara, et le résultat était délicieux et original à la fois. Autour de cette époque, nous avons embauché un pâtissier professionnel pour nous aider à accroître notre productivité, et il a procédé à quelques modifications dans la façon dont nous préparions notre tarte Godiva au chocolat.

Presque aussitôt, nous avons reçu un appel de Godiva nous demandant ce qu'il se passait. Le gâteau était bon, mais il l'était comme tous les autres gâteaux au chocolat. Ce n'était plus original.

Nous sommes revenus à notre recette

non professionnelle, et nous sommes parvenus à conserver la commande. Les experts peuvent être utiles, et même nécessaires pour certaines tâches, mais il y a toujours le risque qu'ils transforment vos produits uniques en une marchandise professionnelle dès lors en compétition avec tous les autres produits de grande consommation déjà présents sur le marché. Nous avons dû apprendre à préserver notre originalité et notre style, même si de temps à autre nous embauchions des professionnels pour nous aider.

Cuisinez en partant des produits de base

De nos jours, dans la plupart des boulangeries, tout se fait à partir de préparations. Nous ouvrons une boîte, et le mode d'emploi indique qu'il faut verser le contenu dans un grand récipient, ajouter cinq verres d'eau et laisser cuire pendant trois minutes. Grâce aux additifs et aux agents de conservation, la recette est réussie à tous les coups, quelles que soient les conditions.

Mais à la boulangerie Greyston, tout est préparé à partir de produits frais. Nous utilisons de vrais ingrédients, sans agents de conservation ou additifs, sans préparation. La plupart des boulangeries utilisent par exemple une poudre d'œufs, car c'est bien moins onéreux et plus facile d'emploi — vous n'avez qu'à ajouter la quantité d'eau indiquée sur la boîte. Nous, nous utilisons des œufs frais.

Quand nous cuisinons avec des produits frais, nous ne pouvons pas nous contenter de simplement ajouter de l'eau d'après le mode d'emploi de la boîte. Il nous faut être attentifs à l'ensemble des conditions. Ce jour-là, il peut faire chaud, il peut y avoir plus d'humidité qu'à l'accoutumée, la farine peut être plus ou moins fine ou le blé avoir été récolté à une saison différente. Si nous utilisons ainsi les ingrédients, il faut apprendre à vérifier de temps à autre en goûtant, en testant la texture, et ainsi de suite.

En apprenant à cuisiner de la sorte, les cuisiniers deviennent de vrais chefs. Contrairement à beaucoup de pâtissiers actuels qui ne savent utiliser que des préparations, nos pâtissiers savent travailler avec les ingrédients dans n'importe quelles conditions, et ils peuvent alors trouver un emploi dans les meilleurs restaurants et les hôtels.

Utiliser des préparations prêtes à l'emploi, c'est comme vivre une vie d'après une sagesse toute faite ; celle-ci n'est pas une sagesse authentique mais un simple ensemble de postulats nous ayant été transmis. Une sagesse toute faite, comme les préparations prêtes à l'emploi, peut sembler vraie, mais cela ne va pas vraiment nous nourrir, et ne pas avoir aussi bon goût. La plupart des gens qui vous donnent des conseils vous livrent des ingrédients prêts à l'emploi ou vous indiquent quels ingrédients utiliser.

La sagesse authentique, au contraire, nous libère de notre conditionnement et nous permet de découvrir nos propres solutions. Cela nous aide à préparer un repas à partir de nos propres ingrédients.

La méditation est un processus nous révélant nos ingrédients. Ainsi, quand on pratique la méditation, on est amené à découvrir sa propre sagesse authentique. C'est la raison pour laquelle lorsque quelqu'un me demande conseil, je ne lui propose pas de solutions toutes faites, je recommande toujours de méditer.

Comment vendre

Nous avons commencé notre étude de marché en consultant l'annuaire pour des clients potentiels. Nous avons également lu des magazines et des revues spécialisées. Nous avons répertorié les magasins diététiques et les boulangeries gastronomiques situés dans un rayon de quinze, trente, cinquante, soixante-dix et cent kilomètres. Puis, nous avons fait une liste de tous les restaurants, magasins gastronomiques, services de restauration des entreprises et des grands magasins susceptibles d'être intéressés par nos produits. Enfin, quelqu'un a appelé chaque client potentiel pour fixer un rendez-vous et présenter nos produits.

Nos premiers produits ont été des muffins, des pains au lait et quelques gâteaux. Nous nous sommes mis à démarcher les magasins en novembre 1982, pour profiter de la période des fêtes. Les membres possédant une voiture se sont portés volontaires pour conduire nos représentants d'un rendez-vous à l'autre. Nous avions disposé nos premiers échantillons dans une jolie boîte rouge avec un napperon. Neiman Marcus, à White Plains, a été le premier magasin où nous nous sommes rendus. Ils ont regardé la boîte et l'ont trouvée jolie. Puis, ils ont goûté les pâtisseries et ont déclaré : « On achète. » Après quoi, nous sommes allés à Bloomingdale's et ils ont également passé commande ! Le temps de la préparation et de l'organisation était terminé. Les affaires avaient commencé.

Environ un an après, en janvier 1983, nous avions quarante-cinq clients réguliers à Weschester et à Manhattan. En août 1984, nous comptions des centaines de clients, parmi lesquels Macy's à Stamford, et nos ventes hebdomadaires s'élevaient en moyenne entre 14 000 et 175 000 dollars dont un quart provenait d'un café que nous avions également ouvert.

Connaissez l'origine de vos ingrédients

Il est important de savoir d'où viennent les ingrédients que nous utilisons. Dans un premier temps, nous pouvons penser qu'ils proviennent du grossiste ou du magasin, ou que l'eau vient du robinet. Mais nos moyens d'existence et les ingrédients que nous utilisons dans la vie sont faits de tous les éléments dont nous sommes nous-mêmes constitués — la terre, l'eau, le feu, l'air et l'espace. Ces éléments sont tous interconnectés, et chacun de ces éléments a un effet sur les autres. Le blé, par exemple, a besoin de la terre, de la pluie, des rivières et de la lumière du soleil. Il porte également en lui l'élément du travail humain et de la sueur — les agriculteurs cultivant le blé, les ouvriers agricoles qui le ramassent pour en faire des gerbes, les routiers, ceux qui transforment le grain, ceux qui s'occupent de l'emballer et de l'expédier, les publicitaires et les concepteurs, les employés du magasin et les caissiers qui le vendent.

Si nous saisissons cela, nous réalisons que tout ce que nous faisons, aussi inconséquent que cela puisse paraître, a un effet sur l'environnement, sur nos enfants, sur nos petits-enfants et sur les générations futures. Dogen le savait très bien. Derrière Eihei-ji, le temple zen qu'il a fondé au Japon, coulait une rivière qui charriait de l'eau en abondance. Des cours d'eau et des cascades s'y jetaient. Et malgré cela, lorsque Dogen se rendait à la rivière, il prenait une louche d'eau et en reversait la moitié pour les générations futures. Cette rivière porte toujours le nom de Rivière de la Demi-Louche.

Notre ingrédient secret

Les moyens d'existence parfaits sont véritablement au cœur du zen, grâce à un « ingrédient secret » que les bouddhistes zen appellent le « travail comme pratique ».

Dans le zen, la méditation assise, ou zazen, est une manière de pratiquer, mais ce n'est pas la seule. Nous pouvons aussi méditer en travaillant.

Dans la pratique de la méditation assise, nous nous concentrons sur notre respiration ou sur un koan. Dans le samu, ou travail comme pratique, nous nous concentrons sur notre travail. Si nous tondons la pelouse, nous tondons juste la pelouse. Si nous faisons la vaisselle, nous faisons juste la vaisselle. Et si nous entrons des données dans un ordinateur, nous entrons juste des données dans un ordinateur.

Quand nous nous concentrons ainsi complètement sur notre tâche, il n'y a pas de but. Nous ne sommes pas en train de nous demander quand le travail va prendre fin ou nous dire que nous travaillons pour gagner de l'argent. Simplement, nous travaillons, complètement présents à l'instant.

À travailler ainsi, nous ne gaspillons pas notre énergie à nous poser des questions sur tout ce que nous aurions dû faire par le passé ou tout ce que nous ferons peut-être dans le futur. Nous faisons de notre travail une pratique méditative, qui nous aide à rester dans le moment présent et facilite la concentration. Grâce à cette pratique, notre travail, au lieu de nous fatiguer, nous procure énergie et paix de l'esprit.

Notre ingrédient le plus important

Le zen a probablement été l'ingrédient capital de nos gâteaux. Mais c'était aussi l'ingrédient qui rendait nerveux bon nombre de nos amis et collaborateurs. Quand nous avons lancé la boulangerie, nous voulions l'appeler « A Livelihood of the Zen Community of New York » (Un moyen d'existence de la communauté zen de New York). Nous avons eu des discussions véhémentes à ce sujet. La plupart des personnes chargées des relations publiques nous ont suggéré de ne pas mentionner le zen. Ils avaient peur que le public nous perçoive comme une secte. Ils suggéraient de s'appeler les « Hudson Valley Bakers », les « Riverdale Bakers », « Better Breads » ou « Baker's Bounty ». Nous avions des centaines de noms.

Au final, j'ai affirmé ne pas vouloir me soucier de ceux qui ne voulaient pas avoir affaire à nous. Je voulais que l'on sache qui nous étions. Nous avons décidé de nous appeler la « Greyston Bakery », la boulangerie Greyston, et nous avons apposé sur le camion et sur toutes nos étiquettes la mention « A Livelihood of the Zen Community of New York ». Quelque chose de curieux s'est produit. Les personnes chargées des relations publiques avaient toutes tort, car tous les articles nous ayant été consacrés, y compris ceux du *Wall Street Journal,* du *New York Times,* et du *Jane Pauley Show,* ont insisté sur notre relation au zen.

Cela fonctionne donc toujours dans les deux sens. La boulangerie est née du zen, de l'idée du travail comme pratique et de cette notion de moyen d'existence parfait. Et en retour, la publicité faite à propos de notre boulangerie a donné une réalité à la notion de zen à des centaines de milliers de personnes, des personnes qui n'en avaient peut-être jamais entendu parler auparavant.

Il est toujours préférable d'avancer à visage découvert et d'être franc au sujet de notre activité. Si les gens ne sont pas à l'aise avec cela, vous avez alors une superbe occasion de communiquer et de travailler avec eux afin d'apaiser leurs peurs.

D'accord, mais est-ce zen ?

En réalité, donner une définition du zen ou de la vie est tout aussi difficile. Quand des gens visitent notre communauté et qu'ils voient la boulangerie et l'action sociale à l'œuvre, il y en a toujours un pour demander : « D'accord, mais est-ce zen ? »

« D'accord, mais est-ce zen ? » est la version contemporaine américaine d'un koan qui se trouve dans un texte chinois classique sous le titre « Qu'est-ce que le Bouddha ? ».

Il n'y a pas de réponse correcte à cette question. Mais toutes les réponses authentiques disent la même chose. Une des réponses célèbres est par exemple : « Le cyprès dans le jardin ». Le maître zen chinois Joshu a répondu : « deux kilos de lin », car deux kilos de lin se trouvaient devant lui. Si Joshu travaillait aujourd'hui à la boulangerie et que quelqu'un lui demandait « Qu'est-ce que le Bouddha ? », je pense qu'il répondrait différemment. Il regarderait probablement autour de lui, et il dirait : « Deux kilos de fondants au chocolat ! »

CHAPITRE 7

Le temps et l'argent

Le temps et l'argent sont deux des ingrédients essentiels du repas de la vie. Ce sont aussi des ingrédients inévitables. Personne ne peut s'en passer.

L'argent et le temps sont très similaires pour une autre raison : on dit toujours ne pas en avoir assez. Nous avons tous des quantités différentes d'argent, mais nous avons tous la même quantité de temps. Nous disposons tous de vingt-quatre heures dans une journée. Et pourtant, nous avons souvent le sentiment de ne pas disposer de suffisamment de temps pour faire ce que nous avons à faire. En réalité, le nombre de choses qui *pourraient* être faites est infini, et par conséquent, si vous pensez pouvoir tout faire, ou si vous devenez obsédé à l'idée de tout ce que vous ne pouvez pas faire, vous aurez toujours l'impression de ne pas avoir suffisamment de temps. Et dans ce cas, le temps vous contrôlera.

Dans la mesure où le temps est en

quantité finie, la question consiste simplement à définir des priorités et à utiliser le temps disponible pour accomplir un certain nombre de choses au cours de la journée. Vous utilisez alors le temps, plutôt que d'être utilisé par lui.

Si votre assiette est pleine, si vous avez devant vous un gigantesque festin, il est évident que vous ne pouvez pas tout faire d'un coup. Mais il n'y a là rien de négatif. Ce n'est pas une raison pour vous sentir accablé ou abattu. Simplement, vous ne pouvez pas avaler en une seule grande bouchée tout ce qui se trouve sur la table. Cela signifie simplement que vous devez faire des choix, et c'est bien ce dont il s'agit dans la vie.

Il y a toujours assez de temps. Je n'ai peut-être pas beaucoup de temps, mais cela ne doit pas m'empêcher de me faire à manger. Peut-être n'ai-je le temps que d'avaler un sandwich, peut-être n'ai-je le temps que de couper quelques légumes pour faire une soupe. Peu importe. Vous pouvez toujours utiliser les ingrédients qui sont devant vous.

Ce n'est pas parce que vous disposez de peu que vous devez ne rien faire. Vous pouvez toujours faire *quelque chose*. Et faire quelque chose, commencer quelque chose, faire un geste dans une direction particulière, accroît toujours la quantité de temps disponible. Plus vous êtes actif, plus vous avez de temps.

Comment est-ce possible ? Quand vous vous sentez dépassé par tout ce qui doit être fait, vous finissez par perdre votre temps à vous soucier de ne pas en avoir assez. Vous entendez votre esprit répéter : « Je n'ai pas assez de temps ! Je n'arrive à rien. »

Si vous vous sentez accablé, cela veut simplement dire que beaucoup de choses se passent, et le temps donne alors l'impression de s'être accéléré. Si une entreprise est en expansion, si vous essayez de mettre fin à la misère ou de libérer tous les êtres vivants, alors vous avez raison. C'*est* accablant. Il y *a* beaucoup à faire.

Mais que les choses soient accablantes ne doit pas vous accabler. Si vous acceptez le fait qu'elles ne sont pas sous votre contrôle, vous pouvez avancer pas à pas. Vous vous arrêtez juste suffisamment longtemps pour vous demander : « Que faire de mon temps dans l'heure suivante ? »

Il n'y a là rien de bien compliqué. Au début de la journée, je fais une liste. J'y inscris les différentes tâches devant être selon moi accomplies ce jour-là, et je choisis celles qui me paraissent être les plus urgentes.

Mais je ne m'accroche pas servilement à ma liste. Je ne suis pas lié à elle. Si quelque chose de plus important est à faire, je le fais. C'est là une raison pour laquelle on finit souvent par avoir l'impression de ne pas avoir assez de temps : on fait une liste de ce qui doit être fait dans la journée, et soudain il y a un impondérable. Un vrai tremblement de terre ! Oubliez alors un peu votre liste, et faites ce qui doit être fait.

Comme toujours, le secret est d'avoir les idées claires. Comment y parvenons-nous ? Le cuisinier zen essaie toujours de consacrer une partie de sa journée à une pratique spirituelle, par exemple la méditation, qui développe la clarté.

Quand un nouvel événement se produit, le cuisinier zen est en mesure de déterminer s'il est prioritaire sur le reste. Dans le cas contraire, vous devez dire : « Je vous prie de m'excuser, je comprends..., mais ce que je fais en ce moment est plus important. » La situation est en évolution permanente. Si quelque chose ne peut être fait aujourd'hui, je le ferai demain, ou après-demain. Toujours un pas après l'autre. Un jour à la fois.

Pas assez de temps

Je me suis rendu compte que lorsque je me retrouve dans une situation où j'ai l'impression de ne plus avoir de temps du tout, une fantastique quantité de temps est soudain disponible. Cette année, j'ai accompli plus de choses que je n'en avais jamais accompli auparavant dans ma vie. Et pourtant, je me suis retrouvé avec tant de temps disponible que je me suis attelé à la tâche de développer de nouveaux projets, dont un centre culturel et un café pour le centre de Yonkers, un hospice pour les malades du sida, un lieu de culte et un séminaire interconfessionnel.

Un maître tibétain de méditation, Dilgo Khientse Rimpoche, est récemment décédé au Bouthan à l'âge de quatre-vingt-quatre ans. Il ne dormait guère plus de trois heures par nuit, et consacrait le reste de son temps à aider les autres. Il était toujours disponible. Il enseignait bien sûr la méditation, mais il s'occupait aussi d'un grand monastère, ou plutôt d'une école pour les enfants tibétains, et il était impliqué dans de nombreux autres projets. Il affirmait que son maître, lui, ne dormait pas ! Mais nul besoin d'aller au Tibet pour être le témoin de ce genre de générosité. Le défunt Reb Schneersohn, le rabbin loubavitch de Brooklyn, recevait lui aussi toute la nuit durant, ne dormant que quelques minutes entre chaque entretien.

Ces personnes ne sont pas des surhommes. Ils sont ordinaires. Mais ils trouvent d'une manière ou d'une autre cette ressource en eux pour pouvoir donner tout leur temps. Et quand vous y parvenez, vous réalisez que vous disposez de tout le temps nécessaire. On dirait que plus nous donnons de notre temps, plus nous en avons.

Comment est-ce possible ? D'habitude, nous vivons notre existence en établissant une distinction entre ce que nous voulons faire et ce que nous faisons vraiment, entre ce que nous aurions aimé avoir et ce que nous avons. Cette séparation entraîne une perte de temps et d'énergie, et cette perte nous fatigue. L'esprit désire autre chose que ce qui est présent, créant l'illusion que le temps nous manque ou nous est compté.

Mais si nous éliminons le décalage entre nos attentes et nos actes, notre énergie se concentre entièrement sur ce que nous sommes en train de faire sur le moment. Nous ne gaspillons pas notre énergie à songer à ce que nous devrions faire. Et à cet instant, la notion de temps disparaît subitement. La question n'est plus de ne pas avoir suffisamment de temps ou d'en avoir beaucoup. La notion même de temps, de durée ou d'intervalle a disparu.

Le « secret magique » est de faire une chose à la fois. Nous faisons ce que nous faisons au moment où nous le faisons. Quand j'ai commencé à pratiquer le zen, mon maître zen Maezumi Roshi m'a dit : « Quand tu marches, tu marches. » C'est aussi simple et efficace que ça.

Pas assez d'argent

L'argent est un ingrédient très délicat. Comme pour le temps, nous pensons généralement ne pas en avoir assez.

Mais combien est-ce, assez ? Quelle est la quantité d'argent dont nous avons réellement besoin ?

Le Bouddha ne permettait pas à ses moines de conserver des biens. Ils n'avaient ni coussin ni filet de sécurité. À l'époque, il n'y avait ni réfrigérateur pour conserver la nourriture ni banque pour mettre de l'argent de côté. Chaque matin, les moines se levaient, se rendaient au village le plus proche, et mendiaient leur nourriture. Leur existence dépendait de leurs actions quotidiennes. Chaque jour, ils devaient recommencer, juste pour obtenir de quoi assurer leur subsistance. Ils mangeaient avec gratitude ce qui leur était donné.

Vivre ainsi donne à chaque nouvelle journée une vraie vitalité et nous rend particulièrement actifs, supprimant toute complaisance et nous permettant de vivre sans nous sentir enchaînés. Je crois profondément qu'être pauvre de cette façon nous permet de vivre une vie des plus riches.

En revanche, ce n'est pas comme vivre dans la pauvreté. Quand on vit dans la pauvreté, on a toujours faim — on a l'impression de ne pas avoir assez à manger, de ne pas avoir assez de vêtements ou de ne pas être suffisamment bien loti. Et à l'inverse, quand on vit dans le luxe, on traverse l'existence avec un sentiment d'étouffement, en se sentant ballonné, comme si on avait trop mangé.

Le cuisinier zen évite ces deux écueils en suivant la Voie du milieu du Bouddha. En termes d'argent, la Voie du milieu n'est pas dans les extrêmes de la pauvreté ou du luxe. C'est la voie de la viabilité. Si nous suivons le principe de la viabilité dans notre vie quotidienne, nous ne négligeons pas nos besoins et nous ne sommes pas avides. Nous essayons d'acheter ou de produire ce que nous sommes en mesure d'utiliser, ni plus ni moins. Nous ne nous empiffrons pas, nous ne thésaurisons pas. Nous achetons des vêtements pour les porter, et non pour les laisser dans l'armoire ; nous achetons de la nourriture pour la manger, et non pour qu'elle tourne aigre et pourrisse au frigo. Et nous faisons de notre mieux pour remplacer ce que nous consommons.

Le cuisinier zen gère ses affaires ainsi. L'une des nouvelles méthodes de management les plus innovantes est le *just in time inventory* (ou JIT), méthode qui met en pratique les principes de la viabilité. Les entreprises utilisant le JIT cherchent à minimiser leurs stocks. Nous livrons par exemple des fondants au chocolat à Ben & Jerry's au moment où ils en ont besoin. Ainsi, il n'y a pas à se soucier de la nourriture qui s'abîme, ou à payer des frais exorbitants de stockage. Trop de quelque chose peut poser des problèmes.

Mais disposer de trop peu peut être tout aussi problématique. Lorsque Ben & Jerry's ont réduit la quantité de brownies dont ils avaient besoin, nous avons été contraints de ralentir notre production. Nous sommes passés de deux équipes à une. Quelques mois plus tard, ils ont augmenté leur commande de brownies, et il nous a fallu grossir à nouveau les équipes. Cette situation désorganisait complètement notre main-d'œuvre. Nous en avons parlé à Ben & Jerry's, et nous avons tenté de trouver un système satisfaisant pour nous tous.

Dans les affaires et dans la vie, nous avons donc besoin de réserves raisonnables. Cela fait également partie de la viabilité. Trop peu de réserve engendre anxiété et insécurité. Mais en avoir trop peut émousser le tranchant qui aiguise la créativité.

Nous nous imaginons devoir tout posséder en stock ; nous avons besoin de capital, d'épargne, d'une assurance, et nous avons donc créé des institutions à cet effet. Ces éléments ont sans doute leur importance, mais à trop s'en soucier, on finit par gâcher le repas.

Si nous constatons que nous gagnons plus d'argent que nécessaire, le temps est venu d'élargir la famille nourrie. Quand la boulangerie Greyston s'est mise à faire vivre les étudiants qui l'avaient montée, nous avons cherché une plus grande famille à nourrir. Nous avons alors formé des sans-abri et des chômeurs de longue durée.

Ce principe de remplacer ce que nous utilisons s'applique également aux entreprises. Si une entreprise redonne à la communauté, elle offre à celle-ci les moyens d'accéder à l'autosuffisance. Le résultat, c'est moins de personnes vivant des aides sociales et plus de consommateurs. Votre entreprise et toutes celles du quartier seront alors en expansion.

À l'inverse, les entreprises qui s'obstinent à tarir les ressources se retrouveront sans clients ou sans employés, et finiront un jour ou l'autre par faire faillite.

Quand nous avons pris la décision de nous impliquer à Yonkers dans l'action sociale, j'ai réalisé qu'il nous serait impossible de le faire tant que nous vivrions dans cette luxueuse propriété de Riverdale. La pratique des koans incite à faire une expérience directe de la réalité en devenant un avec la situation. Je me suis donc dit que nous allions aller dans la rue, parmi ceux que nous cherchions à aider, pour voir le monde à travers leurs yeux de sans-abri, de mal-logés, de chômeurs.

Nous avons découvert dans le quartier une maison complètement délabrée. Dix d'entre nous y ont emménagé, et nous l'avons complètement rénovée pendant six ou sept mois. Le sous-sol a été subdivisé en dortoirs, et les repas étaient pris en commun. Nous pratiquions le zazen dans le zendo au-dessus de la boulangerie, où nous organisions des retraites d'un week-end.

Nous avons décidé de nous lancer dans l'action sociale, et quelqu'un m'a aussitôt dit : « Comment comptes-tu t'y prendre ? Nous sommes une petite communauté, et nous n'avons pas l'argent. Nous ne disposons pas d'un million de dollars. » J'ai répondu : « Le problème, c'est que tu regardes dans tes poches. L'univers entier est à notre disposition. » C'est comme avec le temps, il y a presque toujours suffisamment d'argent pour faire *quelque chose*. En comptant notre argent, nous nous sommes rendu compte que c'était seulement assez pour une petite action. Et c'est donc ce que nous avons fait. Nous avons travaillé avec l'argent disponible. Nous avons fait du pain pour la soupe populaire de notre quartier. Vous commencez simplement avec ce que vous avez, et le repas finira tôt ou tard par prendre forme.

Supposez que vous n'avez vraiment pas d'argent, mais que vous avez une idée que vous aimeriez réaliser. Si vous restez assis dans votre jardin à dire : « Je ne peux rien faire, je n'ai pas d'argent », qui va se joindre à vous ? Si vous dites : « Faisons quelque chose », c'est fou ce qui peut se produire. Les gens sont attirés par l'action. Vous serez rejoint de tous côtés par des milliers de personnes. Ils vont vouloir voir ce projet se concrétiser — un livre, un nouveau type de biscuit ou tout autre chose — et l'argent suivra.

Quand nous avons commencé notre travail à Greyston, le simple fait de partager notre vision attirait toutes sortes d'aides. Angelo Martinelli, un politicien local, est devenu membre de notre conseil d'administration ; des gens du Social Venture Network nous ont offert conseils et contacts ; des bouddhistes d'autres groupes sont venus travailler avec nous, et des fondations gouvernementales se sont déclarées prêtes à nous aider financièrement.

Toutes sortes de personnes voulaient s'impliquer. Dès qu'ils ont vu que nous n'avions pas simplement une vision mais aussi la détermination de réaliser quelque chose — et la réputation de mener à bien nos projets —, ils ont su que nous n'étions pas de simples rêveurs.

Juste assez

L'argent est un ingrédient absolument nécessaire, mais quand il devient la seule force motrice — si vous vous focalisez exclusivement sur son accumulation —, il peut aisément prendre le dessus et gâcher un repas. Tout finit alors par avoir un goût amer.

Et à vouloir aider les autres, on tombe fréquemment dans un autre type de piège : on veut que tout se passe bien. On est toujours soucieux de faire le bien. Le repas de l'action sociale a tendance à se faire trop sucré. Dans ce cas, le cuisinier zen ajoute l'ingrédient manquant : la sagesse.

Si vous voulez faire le bien et que vous souhaitez en même temps avoir assez d'argent pour être autosuffisant, vous n'irez pas très loin. L'argent est un levier important pour l'action sociale, une soupape ou une pierre de touche — et l'action sociale a le même effet sur l'argent. Ces deux aspects fonctionnent ensemble. Si vos moyens d'existence sont simplement guidés par l'argent et qu'ils ne manifestent aucun souci pour autrui, vous vous retrouverez dans la sphère des fantômes faméliques. Sur le long terme, votre entreprise fera faillite, car rien n'est donné en retour à la communauté d'où l'argent est issu.

Un peu est souvent assez

En un sens, le manque d'argent peut être l'un de vos meilleurs ingrédients.

Une histoire célèbre raconte qu'un professeur d'université vint un jour discuter de zen avec un maître. Le maître lui servit du thé. Une fois la tasse pleine, le maître continua de verser. « Si votre esprit est plein, lui dit le maître, rien de neuf ne peut entrer. »

Quand tout est trop plein, rien ne se passe vraiment. Nous espérons que notre manière de travailler avec les sans-abri servira de modèle, et que ce modèle pourra être dupliqué dans d'autres villes, y compris New York. Mais le meilleur endroit pour créer un modèle est là où il n'y en a pas — là où beaucoup de problèmes existent et où peu de solutions ont été essayées. C'est comme la calligraphie. Si vous vous mettez à peindre sur un canevas encombré par quantité d'inscriptions, il est difficile d'apercevoir la calligraphie. En revanche, plus il y a d'espace sur la toile, plus la trace laissée par le pinceau est visible. Vous pouvez distinguer les lettres grâce à l'espace laissé vide.

La question n'est donc pas de savoir quelle est la quantité dont vous disposez. Vous pouvez réaliser de très belles choses avec peu d'ingrédients. Quand les gens se mettent à faire la cuisine, ils ont parfois tendance à tout jeter dans la casserole — la viande, les pommes de terre, les légumes et toutes les épices des étagères. Mais cette approche ne produit pas de très bons résultats. C'est trop. Tout s'annulle mutuellement.

Il est donc tout à fait possible qu'un manque d'ingrédients constitue un avantage. L'espace vide peut également faire partie du repas.

Ainsi, au début de notre travail, nous n'avons pas pu bénéficier des aides financières de l'État, n'ayant pas un profil type. Mais ne pas disposer de cet ingrédient, l'argent public, a finalement constitué un réel avantage. Cette situation nous a obligés à développer nos activités lucratives et à créer une fondation bien plus autonome financièrement sur laquelle notre action sociale repose.

LE QUATRIÈME PLAT

Des recettes pour un changement social

CHAPITRE 8

Pour qui cuisinez-vous ?

Il est très important de se rappeler de prendre soin de notre propre existence. Nous devons cuisiner pour nous-mêmes avant de pouvoir vraiment inviter des convives à se joindre à nous pour dîner. Nous devons nous nourrir en premier.

Un cuisinier malade ne préparera pas un bon repas, et un cuisinier affamé n'attendra pas que le repas soit servi. Si nous ne commençons pas par faire preuve de bienveillance envers nous-mêmes notre repas n'aura pas bon goût, quels que soient la qualité du travail fourni, le nombre d'ingrédients dont nous disposons ou le prix de notre équipement.

En revanche, quand nous apprenons à cuisiner pour nous-mêmes, nous découvrons que notre vision ou notre compréhension de nous-mêmes se développe et s'agrandit. L'odeur de la nourriture qui cuit et la chaleur de la cuisine attirent systématiquement les gens. Même s'il peut sembler que nous cuisinons seulement pour nous-mêmes, nous cuisinons en fait pour tout le monde. Car nous sommes tous dans une relation d'interdépendance. Nous sommes en réalité un seul corps.

J'utilise parfois l'analogie d'une personne ayant deux mains. Une main s'appelle Sam, la gauche, et l'autre s'appelle Bill, la droite. Chacune des mains a sa propre identité. Quand de l'argent arrive par la poste et que Sam s'en empare, Bill devient jaloux. Quand Bill se brûle sur une plaque brûlante, Sam se dit : « Je devrais lui venir en aide, mais si j'applique le mauvais médicament sur sa main, je vais peut-être être poursuivi en justice. »

Les deux mains finissent par réaliser qu'elles doivent coopérer pour arriver à quelque chose. Sam a besoin de Bill pour soulever un carton lourd, conduire une voiture et même pour ouvrir une boîte de conserve.

Ils découvrent ainsi qu'ils font partie d'un même corps. Ils forment un monde interdépendant. Il n'y a plus de séparation. Quand de l'argent est donné, une main se tend : peu importe que ce soit la gauche ou la droite. Si une main se brûle, il n'y a pas à réfléchir à ce qu'il faut faire : l'autre main vient automatiquement à son secours.

Bien évidemment, je ne déclare pas : « J'ai deux mains. » C'est tellement évident que je n'affirme même pas que « ce sont mes mains ». Simplement, elles font partie de moi et agissent comme telles. Je perçois « vous » et « moi » comme des êtres séparés jusqu'à ce que je réalise que nous faisons également partie du même monde interdépendant. En définitive, nous faisons tous partie d'un univers se déployant où chaque élément est solidaire des autres.

Soi et autrui

Le cuisinier zen fait donc toujours la cuisine pour les autres, car il saisit le caractère illusoire de la séparation entre soi et autrui. Cuisiner à partir de cette réalisation, et nourrir les autres pour les aider ou pour faire le bien sont deux choses très différentes.

Personnellement, mon intérêt à nourrir les autres — sous la forme de ce que l'on appelle l'action sociale — est très lié à ce que je peux apprendre des gens que je semble aider. En devenant un avec eux, en percevant le monde à travers leurs yeux autant qu'il m'est donné de le faire, j'apprends quels sont leurs besoins. Et en même temps, j'élargis ma propre vision de la vie.

Les militants sociaux que j'admire le plus ont eux aussi appris des personnes avec lesquelles ils ont travaillé. A.T. Ariyaratne et son équipe de bénévoles ont par exemple démarré au Sri Lanka, à partir du travail de Gandhi et des principes bouddhistes, un programme du nom de Sarvodaya Shramadana Sangamaya, pour aider un village à répondre lui-même à ses propres besoins. *Sarvodaya* signifie « illumination pour tous », et *shramadana,* « partager l'énergie physique et mentale ». Le mouvement Sarvodaya donne aux gens les moyens de partager leur énergie mentale et physique afin de résoudre des problèmes et d'améliorer leur vie sans dépendre des agences gouvernementales ou d'organisations extérieures dirigées par des « experts ». Ariyaratne a débuté son travail en se rendant dans un village frappé par la pauvreté. Il a rassemblé les villageois et leur a demandé ce dont *ils* pensaient avoir besoin. Tous étaient d'accord pour dire que l'eau potable constituait le besoin le plus pressant. Ariyaratne les a donc aidés à organiser des équipes de travail pour creuser leur propre puits. Tous les habitants du village ont contribué d'une manière ou d'une autre à l'effort collectif. Des étudiants se sont rendus à Bangkok pour se renseigner sur la technologie et les matériaux. Quand un riche propriétaire terrien s'est porté volontaire pour acheter de la nourriture à tous les membres des équipes de travail, les villageois en ont discuté, et ils ont décidé qu'à la place, la plupart d'entre eux pouvaient partager un repas par jour avec les travailleurs bénévoles.

Lorsqu'ils eurent terminé, non seulement ils avaient appris à creuser un puits, qui offrait un accès à de l'eau potable, mais ils avaient également appris à s'organiser afin de travailler ensemble à la réalisation d'un but commun. Une fois le puits creusé, les villageois se sont rendu compte qu'ils avaient besoin de routes pour se rendre au puits. Et le reste a suivi. Aujourd'hui, le mouvement Sarvodaya d'Ariyaratne touche des milliers de villages, organisés selon des principes d'autosuffisance. Les programmes Sarvodaya ont donné naissance à des hôpitaux, des écoles, des systèmes d'irrigation, de l'agriculture, de l'artisanat, du marketing, un système bancaire et des formations de dirigeants.

Quand nous avons décidé de construire des logements pour les sans-abri, nous voulions les aider à ne plus dépendre des aides sociales. Mais en nous rendant dans les motels subventionnés et en parlant avec les personnes concernées, nous nous sommes aperçus que si la plupart d'entre eux voulaient du travail, ils avaient avant tout besoin de structures d'accueil pour les enfants. En travaillant avec eux, nous avons élaboré un modèle détaillé et complet pour le Greyston Family Inn, modèle comprenant logements, garderie, soutien psychologique et formation professionnelle.

Lorsque nous avons passé du temps à vivre dans la rue avec les sans-abri, ceux-ci nous ont expliqué que l'un des plus grands obstacles pour décrocher un emploi ou recevoir les aides sociales disponibles était l'impossibilité de recevoir du courrier ou des appels téléphoniques. Nous avons donc collaboré avec deux « organisateurs » sans domicile fixe à la mise en place du Greyston Retrieval Service. Les organisateurs travaillent avec les SDF des différents secteurs ou « villages » — l'un des villages est un bidonville sous le pont de Brooklyn et un autre est à Harlem. L'objectif est que chaque SDF ait une carte de visite à son nom, une adresse et une boîte vocale sur numéro vert.

Nous avons parlé de ce projet à Ariyaratne, et il nous a promis de nous envoyer des organisateurs formés par le mouvement Sarvodaya pour nous aider dans notre action. Que vous travailliez dans le tiers-monde, dans un village du Sri Lanka, ou dans le quart-monde des quartiers défavorisés des États-Unis, les leçons du mouvement Sarvodaya restent vraies : vous ne pouvez pas arriver avec des idées préconçues sur la manière de « résoudre » un problème. Vous devez demander aux intéressés ce dont ils ont besoin, et leur donner les moyens de trouver leurs propres solutions. Ensemble, nous devons changer le monde, et préparer un repas.

Pour qui travaillez-vous ?

Un magazine de Weschester a récemment interrogé des hommes d'affaires pour savoir pourquoi ils avaient choisi leur métier. Un pour cent a affirmé que leur choix était motivé par le désir d'apporter une contribution à leur communauté, et soixante-dix pour cent des sondés ont déclaré travailler pour répondre aux besoins de leur train de vie. Ils n'ont pas réalisé que, s'ils n'en font pas profiter leur communauté, leur train de vie sera en péril.

En conséquence de quoi, Weschester offre peu de logements aux classes moyennes et aux familles défavorisées. Les entreprises n'arrivent pas à recruter, et les municipalités ont des difficultés à embaucher des enseignants, des policiers ou des pompiers, car personne n'a les moyens de s'installer dans le comté de Weschester.

De plus en plus de personnes prennent évidemment conscience de la nécessité de tenir compte des communautés avoisinantes. J'ai par exemple récemment parlé à un employé de Digital Corporation. Il affirmait que Digital *devait* se préoccuper des communautés laissées pour compte afin d'éviter de perdre des clients. Digital est également conscient qu'en l'an 2000, les minorités ethniques représenteront la majorité de la population active. Si cette population n'est pas bien éduquée et si elle n'est pas financièrement autonome, les salariés de Digital seront en difficulté.

En un sens, cette approche est égocentrique. Mais pour le développement international de Digital et son accession à l'autosuffisance, l'entreprise doit se préoccuper du sort des régions défavorisées de la planète, car les populations de ces zones ne seront pas de bons clients. Il est donc dans l'intérêt de Digital d'aider ces régions.

L'autosuffisance spirituelle est similaire. La plupart des gens s'imaginent que l'autosuffisance spirituelle signifie se forger un solide sens du moi. Mais se construire — devenir l'univers entier — consiste en réalité, comme dit Dogen, à « oublier le moi ». Nous pourrions donc affirmer que l'état d'absence d'ego est en fait un état où l'ego est vaste. C'est un état où l'ego est l'univers tout entier. C'est comme si nous devenions un point sans dimension ; ce point est le centre d'un cercle englobant la totalité. Il n'y a dès lors plus de séparation entre nous et le reste du monde. À cet instant précis, notre souci eu égard à l'autosuffisance devient le souci de voir tout fonctionner ensemble.

Enseigner la pêche à un homme affamé

Quand j'ai commencé à faire ce travail, de nombreux étudiants citaient ce vieil adage de Lao-tseu : « Au lieu de donner un poisson à un homme affamé, apprends-lui plutôt à pêcher. » Ils avaient le sentiment que quelque chose ne collait pas dans l'action sociale : si c'était « politiquement correct », ce n'était pas « spirituellement correct », car on offrait aux gens de la nourriture au lieu de leur donner ce qui est vraiment important. Ils pensaient qu'en tant qu'enseignant, je devais consacrer mon temps à enseigner aux gens à devenir des êtres éveillés.

J'ai répondu que quand je rencontre des personnes qui ont faim, je commence par leur donner à manger. C'est ce dont elles ont besoin sur le moment. Si j'avais faim, j'aimerais d'abord manger. Si j'étais à la rue et que j'avais froid, j'aimerais un endroit où m'abriter. Je n'aimerais pas m'entendre dire qu'il y a une dimension plus grande, plus profonde ou plus large par rapport à ce que quelqu'un considère être comme spirituellement juste.

La question n'est pas là. Elle est plutôt de savoir s'identifier aux personnes avec lesquelles nous travaillons afin de déterminer leurs besoins. Nous pouvons partir de là. Il est évident que si quelqu'un meurt de faim, nous n'allons pas simplement lui donner du poisson. Nous voulons lui apprendre à pêcher — ce qui veut dire lui apprendre à tailler une canne à pêcher, à tendre la ligne, à utiliser un hameçon, à lancer, à creuser le sol pour y ramasser des vers. Mais tout cela doit être fait au bon moment. Nous devons commencer là où les gens en sont.

CHAPITRE 9

Greyston Family Inn

Nous avons finalement trouvé un local pour l'implantation de notre boulangerie, dans une zone industrielle de Yonkers aux loyers modérés. Yonkers est situé à quelques kilomètres de Riverdale, mais c'est un univers très différent. À seulement quarante minutes de train de New York, le centre-ville de Yonkers ressemble à beaucoup d'autres quartiers difficiles des États-Unis, hormis le fait que cette ville fait partie d'un des comtés les plus riches du pays. À l'époque, Yonkers était au cœur d'une polémique au sujet des logements, polémique qui avait divisé les communautés ethniques. Le gouvernement fédéral avait poursuivi la ville en justice pour ne pas avoir construit de logements abordables. Yonkers avait également le taux de sans-abri par habitant le plus élevé des États-Unis.

De la boulangerie, nous pouvions voir le fleuve Hudson et les Palisades. La vue était magnifique. Mais autour, les bâtiments étaient le plus souvent délabrés ou laissés à l'abandon.

Comme la boulangerie se développait, nous nous sommes dit qu'il était temps de procéder à un changement, de ne pas l'utiliser uniquement pour subvenir à nos propres besoins, mais de nous en servir afin d'aider les autres. Le temps était venu de convier des invités à notre festin.

Un repas par mois

C'est à ce moment-là que nous avons reçu une lettre d'une soupe populaire de Yonkers, dirigée par la Sharing Community, nous expliquant que les membres de cette association avaient jusqu'à aujourd'hui servi trois à quatre cents repas chaque midi, mais qu'à présent, ils étaient à court d'argent. Cette lettre arrivait à point nommé.

Nous nous sommes portés volontaires pour prendre en charge un repas mensuel. Cet engagement signifiait que nous devions trouver l'argent, acheter la nourriture et préparer un repas pour trois à quatre cents personnes. Nous nous sommes également mis à faire don de pains et de pâtisseries, dont certaines étaient le fruit de nos expériences les plus créatives.

Collaborer avec la soupe populaire nous a permis de nous rendre mieux compte des ingrédients constituant la condition des sans-abri de Yonkers. L'un d'eux était la ville de Yonkers elle-même, qui faisait face à de graves problèmes d'intégration et ne prenait aucune mesure pour y remédier. Un autre était le type de cette pauvreté urbaine : une part importante des sans-domicile-fixe étaient des familles monoparentales.

Une approche holiste

Au début, il nous semblait que le plus simple et le plus naturel pour apporter notre soutien était de créer des emplois pour les chômeurs du quartier. Cela s'est révélé plus difficile que nous le pensions. Nous avons embauché des chômeurs et nous les avons formés comme apprentis. Puis, nous avons mis au point un programme de formation en boulangerie et pâtisserie : un groupe de stagiaires suivait des cours pendant une demi-journée et travaillait à la boulangerie le reste du temps. Le programme était financé par une subvention de la ville pour la formation professionnelle.

Au cours de cette période, nous avons compris combien il est difficile de réaliser un vrai changement social en ne prenant qu'un seul élément en compte. Dans l'action sociale, de même que pour préparer un repas ou pour créer une vie pleine, il est capital d'avoir un aperçu de la situation dans son ensemble. Nous avons découvert la nécessité absolue d'aider les SDF à acquérir ce que les travailleurs sociaux appellent des « compétences vitales ». Nous offrions aux apprentis la possibilité de bénéficier d'un soutien psychologique pour faire face aux problèmes de drogue et d'alcool, d'assister à des cours sur les compétences élémentaires de communication leur permettant d'apprendre à réagir correctement si leur patron leur fait des reproches ou leur demande quelque chose qu'ils n'aiment pas — plutôt que de frapper du pied et de claquer la porte.

Nous avons proposé une formation professionnelle, mais nous nous sommes aperçus que beaucoup de ceux qui avaient besoin d'un travail n'avaient pas de logement ou n'avaient pas accès aux services des garderies. Beaucoup vivaient dans des motels. S'il était possible pour une personne motivée vivant au Yonkers Motel de s'inscrire à notre programme, elle pouvait également se retrouver mutée une semaine plus tard à White Plains, et même dans le Connecticut, et c'en était alors fini de la formation professionnelle.

Il devenait clair qu'une formation professionnelle seule ne pouvait apporter la solution au problème du chômage. Parfois, les jours de neige ou de pluie, ou lorsqu'un enfant tombait malade, les parents étaient contraints d'emmener leurs enfants avec eux, et nous finissions par avoir à l'étage des gamins courant partout. Sans l'accès à une garderie gratuite, ou au moins abordable, il serait difficile, sinon impossible, pour les parents isolés vivant des aides sociales de trouver du travail.

Même si les chômeurs avaient du temps pour chercher du travail, bien souvent ils ne pouvaient pas en trouver. Dans les quartiers difficiles de Yonkers, il n'y avait guère d'opportunités professionnelles, et nous avons donc dû songer également à créer des emplois.

Plus tard, nous avons été en mesure de concevoir un programme pour les participants à des cours de cuisine proposés par le lycée de Yonkers, programme qui offrait une formation technique *et* permettait d'acquérir les compétences vitales. Le seul fait de suivre des cours pendant trois mois était important. Les participants apprenaient la valeur du travail, la nécessité d'arriver à l'heure, et ils étaient tenus informés des services disponibles si leurs enfants tombaient malades.

En somme, il n'y avait pas de solution unique pour résoudre le problème de la pauvreté et du chômage. Notre approche devait à la fois inclure logement, garderie, formation professionnelle, soutien psychologique et création d'emplois.

Travailler avec l'administration

Les administrations se conforment à des règlements. La première chose à faire est donc d'être au courant des règles de base, qu'elles vous plaisent ou non. C'est simple, si vous voulez travailler avec une administration comme l'Agence nationale pour le logement, vous devez suivre ses règles.

De même que pour le koan, « Comment aller droit sur un sentier de montagne qui a quatre-vingt-dix-neuf virages ? » la réponse est : vous ne pouvez pas éviter les virages. Vous gravissez la montagne en prenant tous les virages.

Il est également utile de garder à l'esprit que les administrations sont limitées par leur budget. Elles peuvent comprendre tout comme vous le besoin d'argent pour financer un projet, mais les budgets, comme les règlements, sont des rochers dans l'eau : se jeter de front contre eux est sans effet.

D'habitude, nous nous imaginons devoir passer au travers ou au-dessus du rocher qui semble être sur notre chemin. Mais la rivière ne se jette jamais de front contre un rocher. L'eau est fluide, mais elle est aussi le plus tenace des éléments.

Elle trouve toujours un moyen de contourner le rocher.

De même, nous pouvons toujours trouver un moyen de travailler dans les limites des contraintes. Cela ne sera pas nécessairement aussi difficile que ça en a parfois l'air. Il faut trouver l'endroit où notre objectif, ou une partie de notre objectif, tombe dans les limites des contraintes définies par le règlement. Nous n'obtiendrons sans doute pas tout ce dont nous avons besoin, mais nous en aurons peut-être une partie.

Parfois, c'est aussi facile qu'une simple redéfinition de termes. L'immeuble du 68, avenue Warburton a été financé par une agence nationale pour le logement qui ne pouvait pas donner de l'argent pour des garderies. Mais nous avons été en mesure de convaincre les fonctionnaires de l'agence que la garderie était un élément essentiel du modèle Greyston. Même si le règlement ne le permettait pas, ils ont compris la nécessité de disposer d'une garderie pour que les logements soient effectifs. Des fonctionnaires compréhensifs ont trouvé un moyen de financer les installations pour les enfants en les rebaptisant « salle de loisirs ».

Il est important de garder à l'esprit que chaque administration a envie de voir les programmes réussir. Après tout, elles doivent démontrer qu'elles remplissent leurs fonctions. Un succès peut ouvrir les portes à de nouveaux financements.

Même si vous devez connaître et respecter les règles, il arrive de pouvoir les contourner. Essayez de repérer les personnes comme vous, qui peuvent vous aider à vous frayer un chemin dans le labyrinthe de la bureaucratie. Soyez à l'affût de ceux qui ont le pouvoir d'apporter des modifications au règlement, ou qui sont en mesure de vous indiquer les règles en cours de révision. Gardez contact avec elles, même, ou faudrait-il dire surtout, quand vous n'avez pas de besoins spécifiques. Envoyez-leur des rapports, des photos, des coupures de presse et des brochures. Invitez-les à des réunions informelles et à toutes sortes d'événements où elles auront la possibilité de découvrir vos services et vos produits — et d'y goûter !

La boulangerie comme ingrédient

La boulangerie elle-même s'est révélée être un ingrédient important. Avant tout, elle nous a permis de subvenir à nos besoins élémentaires, de sorte que nous étions en mesure d'aider d'autres personnes. En outre, elle nous a apporté confiance et respectabilité. La majorité des entreprises échouent dans les cinq à sept premières années. Mais les gens savaient que nous avions survécu commercialement un certain temps. Ils se souvenaient que nous avions travaillé pour certaines entreprises très établies, comme Bloomingdale's ou le chocolatier Godiva. Par conséquent, en voyant ce que nous avions accompli, ils avaient l'impression de pouvoir nous faire confiance. Ils avaient confiance en notre aptitude à gérer d'importantes subventions et à honorer nos engagements. Nous avions, je pense, de bonnes idées. Quelqu'un aurait pu avoir les mêmes et ne pas être en mesure d'inspirer pour autant la même confiance. La boulangerie a donc fini par être un capital très important de notre action sociale.

Cela s'est confirmé lorsque je me suis mis à travailler avec d'autres groupes associatifs. Les gens avaient entendu parler de la boulangerie et avaient déjà goûté à nos gâteaux. Quand, par exemple, j'allais parler à des associations afro-américaines, j'étais toujours présenté comme « Bernie, le type qui fabrique tous ces super gâteaux ». Nous pouvions alors parler politique, stratégie pour les logements et ainsi de suite. J'étais toujours un Blanc, mais j'étais mieux accepté de par mon rôle au sein de la boulangerie qui était appréciée de tous. Et dès lors, nous pouvions nous ouvrir. Cela s'est produit maintes et maintes fois.

Tout cela, et plus bien sûr, a constitué

les ingrédients du repas que nous avons préparé et qui a pris la forme de notre premier immeuble pour sans-abri.

Nous nous sommes rapidement rendu compte de l'inefficacité de l'approche traditionnelle en matière d'aide aux sans-abri — héberger à grands frais les sans-abri dans des motels. En réalité, elle ne pouvait pas réussir. Dans la mesure où les gérants d'hôtels pouvaient gagner davantage d'argent le week-end en louant leurs chambres à des prostitués et à leurs clients, le vendredi ils refusaient les familles à la rue. Les mères ou les pères ignoraient où ils allaient être au retour des enfants de l'école, où ceux-ci étaient envoyés par bus, et les gamins dont les parents étaient absents pour les accueillir après l'école étaient pris en charge par les services sociaux, et il était fréquent qu'ils ne fussent pas rendus à leurs parents. En conséquence de quoi, les parents n'envoyaient pas leurs enfants à l'école. Les mères ou les pères isolés ne pouvaient pas louer d'appartement sans argent, ne pouvaient avoir d'argent sans un emploi, ne pouvaient pas décrocher un emploi sans formation, et ne pouvaient pas suivre une formation sans avoir accès à une garderie. Vu ce cercle vicieux, il n'était pas vraiment étonnant de voir tant de personnes succomber au désespoir et tomber dans la drogue.

Restauration rapide

Ce qui passe pour de l'aide n'est souvent rien d'autre qu'un remède temporaire. Vous prenez telle somme d'argent, et vous louez une chambre d'hôtel, garantissant un toit provisoire à quelqu'un pour quelques nuits. Mais cette personne est en fait traitée comme un déchet devant être mis à l'abri du regard. Rien dans cet argent ne l'aide à sortir de sa situation.

C'est un peu comme manger de la nourriture de fast-food plutôt qu'un vrai repas. Vous recevez un apport immédiat en sucre créant un état d'hyperglycémie. En réalité, votre état physique se dégrade après avoir assimilé cette nourriture. Vous pouvez emmener des gens à la campagne pendant trois mois et leur donner du travail, un logement et un accès à une garderie. Mais s'ils reviennent en ville après cette période et qu'il n'y a ni travail, ni logement, ni garderie, ils se retrouveront dans le même cercle vicieux.

Le repas complet

La plupart des gens sont capables de comprendre que seule une approche holiste, complètement intégrée, peut briser le cycle de la pauvreté et du problème des sans-abri. Nous avons dû inclure tous les éléments et tous les ingrédients d'un bon repas. Le problème le plus important et le plus immédiat a bien sûr été de garantir une forme de stabilité, ce qui signifie pour les sans-abri un logement permanent. À cette fin, nous avons fondé une société complètement indépendante, avec son propre conseil d'administration, appelé le Greyston Family Inn. Ayant fait appel à nos riches et influentes connaissances de Weschester, nous nous sommes frayé un chemin dans le labyrinthe des règlements et de la bureaucratie, et nous avons finalement obtenu une subvention du programme pour l'aide au logement de l'État de New York pour l'achat et la rénovation d'un immeuble abandonné situé à quelques rues de la boulangerie, au numéro 68, avenue Warburton.

D'habitude, la totalité de l'argent destiné à la rénovation est perçue par des entreprises de bâtiment extérieures à la communauté. Cette situation ne nous semblait pas logique, alors qu'au sein de la communauté se trouvent tant d'hommes et de femmes qualifiés et sans travail. Nous avons donc fondé une entreprise de bâtiment, avec à sa tête des responsables issus des minorités ethniques, offrant aux chômeurs et aux SDF des formations professionnelles en entreprise. Nous nous sommes mis au travail, rasant complètement l'intérieur de l'immeuble pour ne laisser que les quatre murs, avant de le reconstruire. Ainsi, l'argent restait dans la communauté, et les sans-abri étaient impliqués dès le début dans la construction de leur propre logement, tout en apprenant un métier. Et au mois d'octobre, deux ans après le début des travaux, les dix-huit premières familles ont finalement emménagé dans leur propre immeuble.

Une fois le bâtiment achevé, nous avons ajouté d'autres ingrédients : parce que les sans-abri étaient en majorité constitués de familles monoparentales, nous avons ajouté une garderie ; parce que aucun parent n'avait de travail, nous avons également ajouté des formations professionnelles, et nous avons mis sur pied un comité des locataires pour encourager les habitants à prendre de plus en plus part à la gestion de l'immeuble.

La drogue

Toutes les personnes ayant emménagé dans l'immeuble ont signé un accord stipulant qu'ils ne feraient pas usage de stupéfiants. Certains estimaient qu'il nous fallait tester tout le monde avant d'emménager dans l'immeuble. Mais, grâce au travail déjà accompli, nous avions le sentiment d'avoir une bonne sélection d'individus, et pensions avoir au final un immeuble relativement stable. Nous savions de toute façon que la drogue allait être un problème. Étant donné l'environnement dans lequel nous travaillions, il eût été impossible que la drogue ne fût pas un ingrédient important. Après deux ou trois mois, nous avons estimé que sur les dix-huit familles de l'immeuble, cinq personnes étaient peut-être toujours impliquées dans la consommation de drogues.

Un nombre non négligeable de locataires souhaitaient voir l'immeuble adopter une politique de tolérance zéro à l'égard de la drogue, car ils redoutaient leurs propres prédispositions. Ils prenaient part aux programmes d'Alcooliques Anonymes ou de Narcotiques Anonymes, et ils avaient peur de ne pas être assez forts et de replonger si de la drogue était consommée ou vendue autour d'eux. En même temps, ils ne voulaient pas que l'on sache qu'ils étaient venus nous en parler. Ils ne souhaitaient pas briser le code du groupe.

Nous avons abordé le problème en travaillant sur trois fronts. L'essentiel a consisté à affirmer très clairement que nous ne nous placions pas au-dessus de la police et des lois. Nous étions prêts, le cas échéant, à aller devant les tribunaux pour expulser des locataires, si ceux-ci refusaient de régler leurs problèmes.

Deuxièmement, nous avons dit sans détour avoir la volonté et les moyens d'aider toutes les familles souhaitant l'être. Nous avons fait venir une équipe de professionnels en toxicomanie, dont les membres étaient eux-mêmes passés par des programmes de désintoxication. Ils ont expliqué aux locataires combien la famille dans son ensemble et l'immeuble formaient un tout. Nous étions également en relation avec des programmes et des groupes divers. Une aide importante existe, et elle est disponible pour ceux qui sont prêts à la recevoir.

Troisièmement, nous avons organisé un groupe d'intervention constitué par les locataires. Ils allaient parler en amis avec ceux faisant face aux mêmes problèmes. Cette initiative a probablement été la plus importante, car elle reposait entre les mains des locataires eux-mêmes.

CHAPITRE 10

Des bébés bouddhas

Les femmes et les hommes sans domicile fixe sont quasi invisibles pour la plupart d'entre nous. Nous avons appris à ne pas les voir lorsque nous les croisons dans la rue. Mais les enfants à la rue sont, eux, réellement invisibles, car ils sont soigneusement mis hors de notre champ de vision, dans des chambres individuelles ou dans des hôtels.

Beaucoup de ces enfants ont grandement souffert, parfois même avant leur naissance. Certains ont été battus ou abusés sexuellement ; des bébés naissent accros au crack avec un système nerveux déficient. Ils grandissent par la suite dans un climat de violence. L'une de nos petites filles a passé toute sa vie dans une chambre d'hôtel vétuste avec son père et son frère. Une nuit, des forces spéciales de police, à la recherche d'un proxénète qui avait massacré un revendeur, ont fait une descente dans l'hôtel. Elles ont enfoncé la porte voisine de la sienne et ont fait sortir tous les occupants, dont elle, dans le couloir. Naturellement, elle a été terrorisée.

Il est absolument nécessaire de s'occuper de ces gamins, pour leur bien mais aussi pour celui de leurs parents. Sans une véritable prise en charge des enfants, les parents n'ont pas le temps de trouver du travail ou de suivre une formation. Mais cette prise en charge doit aller au-delà de la simple garderie de jour. Ces gamins ont été meurtris et ils ont vraiment besoin d'aide, sans quoi le cycle de l'abandon et de la violence se perpétue indéfiniment.

Une célèbre histoire zen raconte qu'on demanda à un maître quel était l'enseignement le plus profond du zen. Il écrivit au tableau le mot « attention ».

— N'y a-t-il pas autre chose ? lui demanda l'élève.

— Si, répondit-il, il y a autre chose.

Et il écrivit à nouveau le mot « attention ».

— Mais il doit bien y avoir autre chose, insista l'élève.

— Oui, il y a autre chose, répondit le maître.

Il se tourna vers le tableau et, une fois de plus, il écrivit « attention ». À présent, on pouvait lire sur le tableau « attention, attention, attention ».

Cette histoire décrit la disposition d'esprit requise pour l'étude du zen. Elle décrit également l'attitude à adopter pour s'occuper d'enfants à la rue.

En semaine, Mitch Zucker passait le plus clair de son temps à rédiger des demandes de subventions et des plans de développement pour le Greyston Family Inn, et il consacrait ses week-ends à travailler avec les enfants.

Avant l'ouverture de l'immeuble, Mitch a donné un coup de main à la garderie, mise en place provisoirement tandis que les parents suivaient un programme de réinsertion. Quelques jours seulement avant le début des cours, nous avions tous assisté à une conférence d'un médecin de la direction des affaires sociales. Il décrivait la pathologie des bébés nés avec une dépendance à la drogue et à l'alcool. Il nous a parlé des symptômes auxquels il fallait être attentif et des comportements auxquels s'attendre.

En temps normal, le travail de Mitch consistait à être en compagnie des adultes pendant les classes. Mais au troisième jour du programme, à cause d'un problème logistique, nous nous sommes retrouvés à manquer cruellement de personnel pour la garderie. Mitch et une autre personne ont donc dû s'occuper pendant plusieurs heures de douze enfants âgés de quatre mois à onze ans, jusqu'à l'arrivée de renfort.

Mitch est entré dans la pièce, et un gamin de trois ans, correspondant parfaitement à la description du spécialiste des bébés accros au crack, l'a de suite agrippé et n'a cessé de pleurer jusqu'à ce que Mitch le serre fort dans ses bras. « Il s'est collé à moi, comme scotché, s'accrochant à ma taille et refusant de me lâcher, racontait Mitch. Dès que j'essayais de le poser à terre, il se mettait à hurler et à se débattre, et dès que je le serrais dans mes bras, il s'arrêtait. Cette alternance entre hurlements et tranquillité a duré pendant une bonne heure, jusqu'à ce que je comprenne qu'avant de pouvoir m'occuper des autres enfants, il me fallait établir avec lui une relation plus sécurisante.

« Je l'ai attaché à ma hanche avec une grande écharpe, et je suis allé jouer avec les autres enfants. C'était comme avoir une excroissance bénigne mais active au côté gauche. J'avais beau le secouer et le bousculer, il restait calme. À un moment donné, il a glissé le long de ma jambe jusqu'à ma cheville, se retrouvant presque à l'envers alors que je tentais de remettre un peu d'ordre dans un attroupement de jeunes bambins criards. J'ai compris que ça pouvait marcher. La seule chose requise est de l'attention, de l'attention, encore et encore. »

Mitch est allé auprès des enfants tous les samedis matin. Il leur apprenait à écrire, et un autre bénévole enseignait le karaté aux filles et aux garçons. L'alternance entre activités physiques et périodes calmes semblait fonctionner. « Ce sont les enfants défavorisés qui m'intéressent, en particulier ceux qui ont entre six et onze ans. C'est la tranche d'âge avec laquelle j'aime le plus jouer. J'apprécie leurs parents, j'éprouve de la sympathie pour leur situation, mais je les trouve trop fermés et angoissés pour arriver à bien les connaître. Les gamins, au contraire, vous montrent et vous disent les choses telles qu'ils les ressentent. Nous adorons être ensemble, et je sais que le travail effectué leur est bénéfique. Je l'ai vu si clairement que j'ai envie de hurler aux adultes : "Ne délaissez pas les bébés bouddhas !" »

C'est à briser le cœur, mais c'est pourtant presque exactement ce que nous avons fait. Nous avons délaissé nos enfants. Quand nous avons cherché un immeuble pour notre programme, nous avons trouvé une école abandonnée qui aurait été parfaite, car elle nous aurait permis de disposer à la fois de logements et de bonnes installations pour les enfants. Mais nous nous sommes rapidement aperçus que les agences immobilières n'avaient rien à voir avec celles des services sociaux, et vice versa.

Fidèles à notre vision, nous avons insisté sur le fait que nous voulions un programme incluant tous les éléments nécessaires à l'autosuffisance. Les gens avaient besoin, avons-nous insisté, de programmes prévoyant un logement permanent abordable, une garderie, des activités pour occuper les jeunes après l'école, une formation professionnelle, une éducation, de vrais emplois, un enrichissement et un soutien psychologique, c'est tout !

En théorie du moins, tous ces services sont assurés par notre système de protection sociale. Mais ils sont souvent accessibles de façon fragmentée, engendrant des coûts plus importants et soumis à des inefficacités administratives.

Il y a dans les différentes agences et administrations des services sociaux beaucoup de femmes et d'hommes dévoués et pleins de bonnes intentions. Mais ils sont souvent coincés par les structures rigides de leurs organisations, ainsi que par la compétitivité entre les différentes administrations pour les budgets et le prestige. Peu sont capables d'avoir une vision d'ensemble. Quand nous avons cherché à mettre en place un programme intégrant tous les éléments nécessaires, nous avons constaté que personne ne voulait le financer car c'était trop « risqué » — il dépendait de trop d'agences différentes !

En imaginant les plans de l'immeuble du 68, avenue Warburton, nous avons fait de l'aide à l'enfance une priorité. Au premier étage, nous allions aménager une véritable garderie, avec un bureau pour son directeur, des salles de classe, des aires de jeux, et un dortoir pour les enfants en bas âge. Les plans prévoyaient aussi une cour de récréation.

La plupart des centres d'accueil pour enfants défavorisés dépendent des aides fédérales ou de l'État. Nous avions pensé utiliser le programme Headstart, mais nous nous sommes rendu compte que les familles ayant un emploi ne pouvaient plus bénéficier de la garderie après une période d'un an. Il aurait été plus difficile pour les familles de devenir autonomes financièrement avec les restrictions imposées par le programme Headstart.

Nous avons fini par mettre en place notre propre programme d'aide à l'enfance. Le centre était principalement ouvert aux familles de l'immeuble, mais il l'était aussi aux autres familles défavorisées du quartier. En outre, nous avons démarré un programme extrascolaire pour les adolescents. Le programme était animé par des professionnels, et nous avons également été en mesure d'embaucher quelques locataires en tant qu'auxiliaires de puériculture. Ainsi, notre programme d'aide à l'enfance répondait à un réel besoin tout en contribuant à atteindre l'objectif de l'autosuffisance.

CHAPITRE 11

« Ce n'est pas un déchet »

Un vrai cuisinier zen est en mesure de faire une magnifique offrande à partir d'ingrédients jugés le plus souvent par d'autres comme bons pour la poubelle. Soen Nakagawa Roshi, un maître zen contemporain, était connu pour utiliser ce que les gens avaient jeté. Il allait à la cuisine, extrayait des restes de la poubelle, et disait : « Ce n'est pas un déchet. » Et il démontrait ensuite comment en faire un repas.

Il se rendait à Central Park, trouvait un gobelet en papier, ramassait quelques feuilles par terre, et avec cela, il procédait à une magnifique cérémonie du thé. De nos jours, ce pourrait être quelque peu dangereux, mais l'idée était qu'il était capable de faire une élégante cérémonie du thé à partir de ce que d'autres avaient jeté.

Je me souviens, un jour, alors que nous préparions des salades, l'une de nos cuisinières a jeté les feuilles extérieures de la laitue dans un grand sac en plastique. Quand je lui ai demandé pourquoi elle jetait de la laitue, elle a répondu : « Elle n'est pas bonne, on ne peut pas servir ça. » Mais ces feuilles étaient parfaitement acceptables. Nous les avons utilisées comme base pour composer une très jolie salade.

À l'époque où nous préparions une fois par mois trois à quatre cents repas pour la soupe populaire, les étudiants zen avaient sur la nourriture des idées bien arrêtées. Ils préparaient du riz complet et des repas macrobiotiques que les gens n'avaient pas envie de manger. Nous avons dû apprendre que ceux qui venaient aux soupes populaires avaient leurs propres préférences, et nous avons dû trouver ensuite un moyen de préparer des repas nutritifs à leur goût.

Les gens non plus ne sont pas des déchets

C'est la même chose avec les individus. Notre culture ne jette pas seulement les aliments, nous jetons aussi les individus. Les sans-abri peuvent être considérés comme les « déchets » de notre société. Ils sont mis de côté et rejetés.

Si vous êtes sans domicile fixe *et* séropositif, vous pouvez finir par être rejeté par les rejetés. Mais ce n'est pas parce qu'une personne est à la rue, qu'elle a le sida, qu'elle est handicapée mentale, homosexuelle, noire, blanche ou vieille, qu'elle est bonne à être jetée à la poubelle. Nous avons tous quelque chose à offrir. La question n'est pas de savoir si nous apprécions ou non ces personnes. La question consiste à considérer toutes les offrandes avec dignité.

Ceux qui viennent travailler à la boulangerie ont souvent été rejetés par le reste de la société. Ils n'étaient pas simplement sans emploi, ils étaient, nous disait-on, *inemployables* ; ils n'étaient pas simplement sans formation, nous disait-on, ils étaient *informables*. Et à présent, ces « inemployables » et ces « informables » fabriquent des gâteaux couronnés de prix.

Le lotus dans l'eau boueuse

Le lotus pur jaillissant de l'eau boueuse est une métaphore pour l'éveil. Le lotus pousse malgré tous ces obstacles. En réalité, il a besoin de l'impureté de l'eau pour se nourrir. De même, dans notre propre développement personnel, nous ne pouvons pas nous contenter de travailler avec ce que nous aimons chez nous. Nous devons travailler avec notre eau boueuse. Nous devons travailler avec nos problèmes et nos difficultés, car l'action est là.

Très peu d'ingrédients, quand bien même il en existerait, sont des déchets. Quel que soit le travail fourni par quelqu'un, ce travail est le festin que celui-ci offre. D'habitude, nous ne le voyons pas, aveuglés par nos propres idées sur ce que l'autre devrait faire.

L'un de nos meilleurs produits provenait littéralement d'un ingrédient qui a presque été jeté pour avoir été considéré comme un déchet.

Il y a quelques années, Ben Cohen de Ben & Jerry's, et Anita Roddick du Body Shop, ainsi que d'autres femmes et hommes d'affaires à l'éthique sociale, se sont rendus en Amazonie pour voir s'il leur était possible d'y trouver des produits qui contribuent à préserver la forêt tropicale plutôt qu'à la détruire comme le font l'exploitation de la forêt, l'élevage du bétail ou l'extraction d'or. Ils cherchaient des moyens d'aider les populations indigènes tout en rendant la préservation de la forêt tropicale rentable d'un point de vue économique.

Anita Roddick a trouvé un certain nombre d'herbes et d'huiles pouvant être utilisées dans ses magasins pour le soin du corps. Ben a décidé de produire et de commercialiser une friandise baptisée le rain forest crunch, en utilisant des noix du Brésil. Il créa à cette fin une nouvelle société qui lui permettait de faire don de la totalité de ses profits.

Ben a mis au point la recette du rain forest crunch dans sa cuisine. Une fois ce produit commercialisé, il s'est rendu compte que sa fabrication engendrait le rejet d'importantes quantités de « poussière » résultant du broyage des noix du Brésil. Mais cette « poussière », pensa-t-il, pouvait être utilisée comme farine pour faire des biscuits. Il est donc retourné dans sa cuisine, et en est ressorti avec le rain forest crunch cookie. Il s'est ensuite tourné vers nous, et nous a demandé si nous serions partants pour fabriquer les biscuits, qui seraient distribués par sa nouvelle société. On vient constamment nous voir pour nous proposer de nouvelles idées de gâteaux. D'habitude, nous ne sommes pas intéressés. Mais il y avait trois bonnes raisons pour produire les rain forest crunch cookies de Ben. Premièrement, les biscuits contribuaient à la préservation de la forêt tropicale. Deuxièmement, c'était pour nous un nouveau contrat. Et troisièmement, nous avions le désir de travailler avec des entreprises comme Ben & Jerry's et Ben's Community Products, qui donnaient du poids à cette idée du commerce comme agent du changement social.

Nous travaillons à présent à l'exportation au Japon des rain forest crunch cookies. C'est difficile, car nous devons satisfaire les normes japonaises d'agriculture, mais nous collaborons avec une entreprise de l'Oregon qui teste des produits pour le marché nippon, et nous sommes sur la bonne voie. Nous avons également besoin d'un très bon emballage. Il ne doit pas être simplement attractif d'un point de vue esthétique, il doit être aussi suffisamment solide pour protéger les très fragiles biscuits.

Jusqu'à présent, nous avons pensé proposer une boîte pouvant être réutilisée comme container et un petit sac pouvant être vendu à des compagnies aériennes. Chaque biscuit a son propre emballage en plastique. Nous lui avons fait subir toute une série de tests. Nous jetons à plusieurs reprises les boîtes et les sachets dans l'escalier, avant de les ouvrir pour constater les dégâts.

Nous nous attendons à ce que les Japonais achètent nos biscuits pour 1 million de dollars par an. De plus, les boîtes contiennent une belle photo de la forêt tropicale et contribuent à éduquer le public japonais sur les problèmes de cette forêt. Pas si mal, pour un produit qui n'était à la base qu'un « déchet ».

CHAPITRE 12

Le repas de l'autosuffisance

Dès la première réunion des colocataires, à l'approche de notre première fête de Thanksgiving, quelqu'un a demandé : « Que va organiser le Greyston Family Inn pour Thanksgiving ? » La question était toute naturelle pour quiconque vivant encore dans un état d'esprit d'assisté vis-à-vis des aides sociales, où, relativement parlant, beaucoup de choses sont offertes à plusieurs reprises au cours de l'année, à l'occasion des fêtes. J'ai donc simplement répondu : « C'est vrai, qu'allez-vous faire pour Thanksgiving ? Car après tout, vous faites partie du Greyston Family Inn, à présent, et c'est à vous de décider. »

La personne qui avait posé la question est restée interdite. J'ai donc poursuivi : « J'avais pensé que ce serait sympa que vous autres, vous organisiez une fête, un dîner de Thanksgiving pour vos amis qui sont encore dans les motels. »

Les locataires ont été stupéfaits par ma suggestion.

— Hors de question, ont-ils rétorqué. On ne va pas faire ça. Ces gens-là sont des drogués. On passerait un mauvais Thanksgiving. On n'arrivera pas à les faire sortir de l'immeuble. Nous voulons tirer un trait sur ce passé.

— Vous devez bien avoir encore des amis qui sont restés dans les motels ou qui sont toujours à la rue, ai-je demandé.

— Non, m'ont-ils dit. Ces gens-là ne sont pas nos amis. Plus maintenant.

Et une femme a ajouté : « Je ne veux pas d'une grande fête. Je veux simplement célébrer Thanksgiving en famille. » C'était la femme qui avait initialement soulevé la question de Thanksgiving. Elle était grand-mère et s'était retrouvée à la rue après que sa fille avait eu un enfant à l'âge de treize ans. Sa fille est partie, et lorsqu'elle a quitté son travail pour s'occuper de son petit-fils, elle a perdu son appartement et s'est retrouvée sans abri. Son envie de célébrer Thanksgiving en famille était compréhensible.

Le peu d'enthousiasme des locataires à partager leur nouveau foyer avec ceux qui étaient encore dans des motels peut sembler manquer de générosité, mais à l'époque, c'était un signe positif. Ils étaient suffisamment réalistes pour reconnaître l'importance de se protéger et de s'assurer une certaine autosuffisance avant d'être en mesure d'aider les autres.

Dès le début, la mission du Greyston Family Inn a été d'aider les familles SDF de Yonkers à devenir autosuffisantes et à ne plus vivre des aides sociales. Le repas proposé consistait en un programme particulier, détaillé aussi clairement que possible — c'était pour ainsi dire écrit en toutes lettres sur le menu —, de sorte que toutes les personnes y participant savaient à quoi elles s'engageaient.

Bien entendu, nous ne pouvions obliger personne à suivre le programme de Greyston. Nous offrions un logement permanent, mais une fois que les locataires avaient emménagé, c'était à eux de décider ce qu'ils faisaient chez eux et comment ils géraient leur vie. En revanche, nous avons fait de notre mieux pour sélectionner des gens qui avaient envie du repas que nous avions à offrir.

Nous avons commencé par convier les SDF vivant dans les hôtels de Yonkers à une réunion d'information. J'y ai parlé du programme de Greyston Family Inn, je leur ai posé des questions personnelles, j'ai répondu à leurs interrogations, et j'ai laissé des bulletins d'inscription pour des cours hebdomadaires.

Nous proposions deux cours, tous les samedis, le matin et l'après-midi. Les classes étaient d'une vingtaine de personnes. Une garderie était à leur disposition pendant la durée des cours, mais les étudiants devaient néanmoins récupérer les enfants à la fin des cours et être à l'heure pour prendre le bus que nous affrétions. Le simple fait d'assister aux cours a en réalité joué un rôle capital pour la sélection des participants au programme, de même que leur présence assidue.

Les premiers cours étaient consacrés à forger dignité et respect de soi. Nous avons ensuite parlé de communication et d'interaction de groupe. Nous avons fait des jeux et des exercices démontrant l'utilité d'opérer ensemble en tant que groupe plutôt qu'individuellement. Nous avons également testé les futurs locataires et leur avons enseigné quelques éléments de base.

Nous nous sommes efforcés de bien leur faire comprendre que l'immeuble ne serait pas un abri ou une soupe populaire. Ce serait un logement permanent. Et nous avons également évoqué notre espoir de voir à terme les locataires être en mesure de devenir propriétaires de leur propre appartement.

Opérer la transition d'un mode d'assistanat social à un état d'autosuffisance n'est pas aisé. Aussi déshumanisant que le système de protection sociale puisse être, il garantit néanmoins certains besoins fondamentaux : une soupe populaire, un lit dans un hôtel, des sacs remplis de cadeaux pour Thanksgiving et

Noël. C'est comme manger une grande quantité de sucre : vous ne pouvez pas vous arrêter ; dès que vous avez terminé, vous en redemandez. Pour peu que vous ayez certaines attentes sur ce qui va vous être donné, il est facile de perdre tout espoir et toute capacité de se prendre en main pour changer la situation.

Les gens doivent donc avoir foi en leur aptitude à changer et à accomplir quelque chose dans le monde qui les entoure. Pour pouvoir commencer à aider les autres, ils doivent d'abord avoir suffisamment confiance en leur capacité à s'aider eux-mêmes.

Je voulais m'assurer que les gens avaient bien compris que leur situation actuelle pouvait être plus confortable, car ils disposaient déjà d'un toit, d'une soupe populaire, et certaines choses leur étaient données. Dans notre immeuble, en revanche, ils seraient responsables de leur propre existence, ils devraient se faire eux-mêmes à manger, être responsables de leur propre nourriture et faire face à tous les tracas allant de pair avec l'autonomie. Certaines personnes ne souhaitaient pas affronter tous les soucis de notre programme intensif, et ils s'en sont donc laissé écarter en ne se présentant pas.

La question de la drogue était importante. Chaque locataire potentiel faisait l'objet d'une évaluation par un professionnel en toxicomanie, et certaines personnes apparemment trop instables sur ce point ne furent pas retenues. Quelques familles semblaient appartenir à la catégorie de ceux qui consomment de la drogue par loisir. Mais comme tous ceux qui souhaitaient emménager dans l'immeuble, ils signèrent une déclaration stipulant qu'ils reconnaissaient que l'usage de drogues n'était pas autorisé dans l'enceinte de l'immeuble et que sa consommation constituait un motif d'expulsion. Ils signèrent un contrat dans lequel ils acceptaient d'être contrôlés à n'importe quel moment.

À la cérémonie de remise des diplômes de la mi-trimestre, chaque groupe ne se composait plus que d'une dizaine d'étudiants sur les vingt inscrits initialement. Nous avons rassemblé ces deux groupes en une classe, et celle-ci s'est réunie chaque samedi pendant cinq ou six heures. Après huit mois, il restait seize familles sur les vingt. Nous en avons sélectionné douze, car nous estimions que quatre d'entre elles étaient encore trop instables et présentaient un trop gros risque. Nous avons ensuite obtenu une subvention d'une autre agence pour une autre organisation baptisée « Projet autosuffisance », afin d'animer quotidiennement pendant un mois un programme similaire pour un nouveau groupe, et de ce groupe, nous avons sélectionné quatre autres familles.

Nous avons procédé à la remise des

diplômes dans l'auditorium d'une école. Nous avions rédigé des certificats sur lesquels était inscrit : « A achevé avec succès le programme du Greyston Family Inn ». C'était une véritable cérémonie. Les participants ont invité leur famille et leurs amis. Quelques célébrités locales sont venues. Les diplômés étaient sidérés. La plupart n'avaient jamais reçu un quelconque certificat de leur vie.

Le hasard et le choix

Quand le moment fut venu pour les familles sélectionnées d'emménager dans l'immeuble, nous avons continué à insister sur les principes du choix et de la responsabilité individuelle. Rien n'était simplement donné.

Pour offrir aux nouveaux locataires un moyen de meubler avec dignité leur appartement, nous avons organisé une sorte de loterie, où l'ordre du choix était déterminé par le hasard, mais où, au sein de cet ordre, les choix étaient entièrement entre les mains des locataires. La famille ayant tiré du chapeau le numéro 1 choisissait un meuble en premier. Puis, c'était au tour de la famille ayant pioché le numéro 2, et ainsi de suite. Chaque famille pouvait opter pour une télévision couleur ou une grande table de cuisine. C'était aux familles d'établir leurs priorités, et de voir comment celles-ci s'accordaient à leur budget. Les familles ne pouvaient s'en prendre qu'à elles-mêmes. Si tous les locataires avaient la même contrainte, tous formulaient leurs propres choix.

D'habitude, quand des SDF emménagent dans un logement, les services sociaux leur donnent des meubles, ou un bon pour des meubles, à utiliser comme un bon alimentaire. Si des meubles leur sont donnés, on les prive bien évidemment de la possibilité de choisir l'ameublement de leur appartement ; et s'ils reçoivent un bon de 200 ou 300 dollars pour des meubles, ils n'ont pas d'autre choix que de se meubler dans des magasins où est vendu du mobilier de pacotille.

Nous avons donc constitué une collection décente de meubles en sollicitant des dons de particuliers ou d'associations. Le prix des articles était fixé de telle sorte que les familles soient en mesure de meubler complètement un appartement avec l'argent alloué. Les bons d'achat restants ont été utilisés pour acheter les meubles des parties communes. Ainsi, meubler les appartements est devenu un exercice d'autosuffisance et d'estime de soi.

Des locataires responsables

L'association des colocataires est devenue, une fois l'emménagement terminé, le lieu privilégié pour le développement de l'autosuffisance et du sens de la communauté, au travers de la résolution des conflits, du soutien aux familles et des activités sociales. Elle se réunissait régulièrement pour discuter de l'entretien et de la gestion du bâtiment, pour informer les locataires des clauses du bail et de leurs droits, et pour prendre part à la responsabilité financière, premiers pas avant de devenir copropriétaires de l'immeuble.

Les premières réunions hebdomadaires étaient animées par un médiateur, qui formait les locataires à diriger eux-mêmes les réunions. Avec le temps, les locataires ont pris de plus en plus d'initiatives. Ils ont élu un président, un secrétaire et un trésorier. Ils ont appris les nouvelles règles du jeu. Ils ont formé des comités, et ils se sont mis à avoir confiance en eux, et à avoir confiance les uns envers les autres.

« J'ai fini par prendre conscience de l'effet que la drogue et l'alcool ont eus sur ma vie, a raconté un locataire. J'ai réalisé que je n'étais pas un sale type. J'étais simplement malade et j'avais besoin d'aide. J'ai mis du temps à le comprendre. Au début, Greyston allait à l'encontre de mes habitudes. C'était terrifiant. Mais j'ai fini par y apprécier la vie, et cela m'a permis d'avoir confiance en ma capacité à réaliser des choses dont je ne me serais jamais cru capable. Mais ce n'est pas tout, les autres ont commencé à croire en moi. Pouvez-vous imaginer, moi, élu trésorier de l'association des colocataires ? Je n'ai jamais eu de compte en banque, sauf pendant quelques mois, il y a une dizaine d'années. À présent, j'apprends vite, et j'adore ça. »

De SDF à propriétaire

Parce que nous nous sommes engagés sur la voie de l'autosuffisance, nous n'offrons pas de subventions, d'aides sociales ou de logements temporaires. Nous offrons la possibilité à tous les locataires du 68, avenue Warburton d'acheter leur appartement à un très bon prix.

Mais c'est pour eux très difficile à imaginer. Actuellement, ils dépensent tous un tiers de leur salaire en loyer, et le gouvernement fédéral et l'État prennent en charge le reste. Le montant du loyer est fixé par le gouvernement d'après la valeur du marché pour le quartier.

Le processus est très lent. Avoir la clef de son propre appartement est un premier pas gigantesque — mais cela reste un premier pas. Après avoir été à la rue, les gens ont besoin de temps pour se remettre, tout comme ils ont besoin de temps pour se remettre des drogues et de l'alcool. Il y a beaucoup à assimiler quand on n'a pas eu affaire pendant des années, peut-être même jamais, à des banques, aux compagnies de téléphone ou à un service public.

Pour être candidats à l'acquisition de leur appartement, les locataires doivent devenir des membres actifs de l'association des colocataires, en prenant des responsabilités dans la décision des règles et du règlement de l'immeuble. L'association des colocataires regroupe un certain nombre de comités, dont un comité de sécurité et un comité chargé de constituer un fonds de prêts d'urgence pour aider les familles à payer leurs factures d'électricité. Il y a aussi certaines récompenses et avantages. Les membres de l'association des colocataires peuvent utiliser la pièce commune pour des fêtes, et ils ont la possibilité d'emprunter la télévision et le magnétoscope.

Nous proposons aussi différents programmes de soutien et de formation. Il y a des séances sur les techniques de recherche d'emploi et d'autres sur le bien-être familial. De nombreux locataires participent en outre à des programmes pour les problèmes de toxicomanie et d'alcool.

Il est important de maintenir un dialogue, afin de savoir ce dont les gens ont vraiment besoin, ce qu'ils veulent et ce qu'ils peuvent assimiler. Certains ont le sentiment que plus il y a de programmes, mieux c'est. Mais il faut être prudent. S'il y a trop de choses en même temps, les gens se sentent dépassés et surchargés. Le rendement est alors décroissant. Vous ne pouvez pas imposer vos idées. Et en même temps, vous devez proposer de bons programmes.

Jusqu'à présent, les résultats du programme ont dépassé de loin nos espérances. Un locataire avait un emploi au moment de l'emménagement dans l'immeuble. Il l'a presque aussitôt perdu, en partie à cause de la pression liée au fait d'être de nouveau avec sa femme et ses enfants. Mais en l'espace de cinq mois, onze des vingt-cinq adultes de l'immeuble avaient un emploi. Quatre travaillaient dans l'immeuble en tant qu'auxiliaires de puériculture, certains avaient l'intention de suivre une formation pour devenir maîtres auxiliaires puis enseignants ; une personne travaillait à la boulangerie et une autre comme surveillant chef de l'immeuble. Les autres locataires avaient des emplois à l'extérieur. Six terminaient des cours pour obtenir une équivalence du baccalauréat ; l'un étudiait la radiologie à l'université et trois achevaient un cours d'informatique pour débutants proposé par le Greyston

Family Inn et étaient inscrits à des cours plus avancés dans un centre municipal de formation.

Mais le plus grand changement est sans doute le passage du désespoir à l'espoir. Comme le dit un locataire, « au-delà de tout, au-delà de l'appartement, de la garderie et de l'aide apportée pour trouver du travail, Greyston offre de l'encouragement. Quand vous avez été à la rue pendant un certain temps, une fois que vous avez eu l'impression d'être seul, ça laisse des traces dans l'amour-propre. Vous vous jugez comme la société juge un SDF — quelqu'un n'ayant rien à apporter à la société ».

Une locataire arrivée à Greyston avec son nouveau-né et son mari après avoir été à la rue et au chômage pendant deux ans résume ainsi la situation : « L'année dernière, à la même époque, si quelqu'un m'avait dit qu'un jour j'aurais un magnifiquement appartement, un accès à une garderie et la possibilité d'aller à l'école, et que si tout allait bien, dans les six mois, j'aurais un emploi, je ne l'aurais pas cru. Car je n'ai jamais vu quiconque avoir été à la rue et s'en sortir. Mais moi, j'y arrive. Je n'ai pas encore réussi, mais je vais réussir. Je sais que je vais réussir. »

De tels progrès mettent du baume au cœur. Mais chaque médaille a son revers. Chaque succès pose de nouveaux « problèmes ». Le repas servi par le Greyston

Family Inn est très riche. Même si nos efforts ont été couronnés de succès, nous devons être attentifs à ne pas rendre les gens malades pour avoir mangé trop et trop vite. Il faut laisser du temps pour pouvoir mâcher et digérer les nouvelles informations et les nouvelles expériences. Nous l'avons appris, on ne se remet pas du jour au lendemain d'avoir été à la rue. C'est un travail quotidien.

LE CINQUIÈME PLAT

Des recettes pour la communauté

CHAPITRE 13

Le travail de réseau d'Indra

L'un des principes clés du cuisinier zen est que rien n'existe seul. Tout est dans une relation d'interdépendance.

Si nous sommes tous responsables de notre propre vie et de notre propre travail, aucun de nous ne peut faire le travail seul. Ce principe est tout particulièrement vrai quand nous voulons aider autrui. Pour préparer le repas suprême, nous devons travailler ensemble.

La méthode de travail du cuisinier zen est fondée sur la vision du filet d'Indra, le modèle zen de la vie. Indra, un roi des Indes, se faisait une très haute idée de lui-même. Un jour, il alla voir l'architecte royal et lui annonça qu'il souhaitait laisser en héritage un monument à sa gloire, quelque chose apprécié de tous.

L'architecte du roi imagina un immense filet s'étendant à travers le temps et l'espace. Et le trésorier du roi plaça à chaque intersection des mailles du filet une perle brillante et resplendissante, afin que chaque perle puisse être réfléchie par toutes les autres. Et chacune de ces perles — chaque individu, chaque événement — recèle la totalité du filet d'Indra, incluant l'espace et le temps tout entier.

Si nous réalisons que nous sommes tous ces perles lumineuses du filet d'Indra, nous comprenons qu'au sein de chacun de nous est contenue la totalité du corps de l'univers. Dans la mesure où nous sommes déjà tous en relation au sein du filet d'Indra, il n'y a aucune limite à la possibilité de nous mettre en relation avec d'autres, dans notre vie et dans notre travail.

Néanmoins, il nous est naturel de nous lier avec les gens ayant des intérêts et des besoins proches des nôtres. Les comptables se mêlent aux comptables, les poètes aux poètes, et les bouddhistes aux autres bouddhistes. Ce type de réseaux a certainement son utilité, et se trouve être particulièrement efficace lorsque nous avons besoin d'aide pour résoudre un problème très difficile. Mais globalement, cette stratégie n'est pas très porteuse : elle conduit à un rétrécissement de notre réseau plutôt qu'à son élargissement. Le résultat est un retour sur investissement toujours décroissant. Les experts-comptables finissent par ne parler qu'aux experts-comptables, les poètes de vers libres finissent par ne parler qu'aux poètes de vers libres, et les bouddhistes zen d'une école particulière finissent par ne parler qu'aux bouddhistes zen de cette même école.

Nous développons au contraire notre réseau d'après la vision du filet d'Indra, en lançant le plus grand filet possible. Pour y parvenir, nous définissons notre mission de manière très large. Si je me définis dans une acception étroite, par exemple comme un moine bouddhiste impliqué dans la gestion d'une boulangerie et proposant des logements aux sans-abri, je suis peut-être en train de limiter mon réseau aux bouddhistes zen, aux boulangers et aux travailleurs sociaux. Mais je peux aussi définir ma mission — ou mon vœu, pour utiliser une terminologie bouddhiste zen — de façon beaucoup plus large. Je peux dire, par exemple, que ma mission est de préparer le repas suprême pour le bénéfice de tous les êtres vivants. Je lance alors un filet bien plus vaste — en l'occurrence, un filet immense —, car je peux dorénavant travailler avec quiconque est désireux d'améliorer la qualité de la vie sur cette planète. Évidemment, plus vous définissez les problèmes particuliers et les manières spécifiques dont vous voulez travailler, plus vous allez, tout naturellement, travailler avec une portion particulière du filet. Mais même à ce moment-là — et *surtout* à ce moment-là —, il est important de se rappeler que vous faites partie d'un ensemble plus large.

Si nous constituons notre réseau ainsi, d'après la vision du filet d'Indra, nous finissons par y inclure des personnes très différentes. En formant le conseil d'administration du Greyston Family Inn, nous avons cherché à avoir la plus large participation possible de la communauté de Yonkers. Parce que nous avons lancé un très grand filet, nous avons été en mesure d'inclure deux anciens maires de Yonkers, Al DelBello et Angelo Martinelli. Angelo est républicain, et Al est démocrate. À plusieurs reprises, ils ont fait campagne l'un contre l'autre. D'ailleurs, au cours de l'une des campagnes électorales, des coups bas avaient été portés. Mais tous deux étaient décidés à améliorer la qualité de la vie à Yonkers, et tous deux pouvaient constater que nous cherchions à faire de même. Et, bien entendu, ils faisaient partie de réseaux différents. Le cercle de leurs relations s'étendait de la ville à la région, de la région à l'État, et leurs relations nous ont facilité la tâche. Quand il y avait un retard, qu'un problème se posait, nous pouvions toujours compter sur Al ou Angelo pour savoir qui appeler.

Nous connaissons tous des gens qui ne souhaitent pas collaborer avec nous. Mais nous pouvons les considérer comme un réseau négatif : ceux qui ne veulent pas travailler avec nous seraient peut-être prêts à travailler avec Al, ceux qui ne veulent pas travailler avec Al seraient peut-être prêts à travailler avec Angelo, et ainsi de suite. Ainsi, en établissant des rapports avec Al et Angelo — ou avec tout autre « couple » de personnes représentant des points de vue différents —, nous n'avons pas simplement doublé notre réseau, nous l'avons quadruplé.

Ne vous souciez pas de la compétition

Nous considérons trop souvent les gens de notre secteur d'activité — que ce soit dans les affaires, le domaine de l'action sociale ou de la spiritualité — comme des rivaux ou des concurrents. C'est comme si nous avions le sentiment que les ressources disponibles sont en quantité limitée, et que si les affaires vont bien pour quelqu'un, il y en aura moins pour nous.

En réalité, c'est souvent le contraire. Les rivaux sont fréquemment des alliés déguisés. Si nous abandonnons nos idées fixes et nos peurs, et si nous nous identifions à nos « adversaires », nous réalisons que nous avons beaucoup à nous apporter mutuellement, car chacun peut offrir à l'autre l'ingrédient manquant.

Le monde est si vaste et il y a tant à

faire que cela n'a pas de sens de se soucier des concurrents. C'est comme lors d'un festin : vous n'avez pas à craindre que les invités mangent toute la nourriture.

Il est plus logique, me semble-t-il, de traiter les concurrents en invités, et d'essayer de les transformer en alliés avec lesquels travailler, et apprendre. Quand on me téléphone pour me demander ce que je fais, je suis toujours ouvert. Car nous *voulons* que d'autres fassent comme nous. Nous voulons être copiés, et nous voulons voir nos modèles copiés.

Nous avons embauché des gens alors même que nous étions au courant de leur intention d'ouvrir le même genre de boulangerie. Nous avons aidé les moines trappistes de Snowmass à développer leur propre marque de biscuits. Nous avons même publié un livre de cuisine, *The Greyston Bakery Cookbook*, contenant toutes les recettes de nos spécialités gastronomiques. Après quoi, nous n'avions plus à nous soucier de voir quelqu'un voler nos recettes !

La compétition pose un autre problème : elle favorise la culture du secret, et les secrets créent un état d'esprit malsain, la paranoïa, et une industrie malsaine d'espions industriels. Si vous avez recours à des espions, vous devez toujours vous méfier des agents doubles qui espionnent des deux côtés, et votre organisation interne s'en trouve fragilisée. Mais quand tout est transparent, quand vous n'avez aucun secret susceptible d'être dérobé, vous pouvez alors vous concentrer sur le partage de l'information et sur le développement de la coopération au sein de votre entreprise. Au lieu de semer des graines de suspicion, vous plantez celles de l'harmonie et de la force.

La culture du secret peut sembler plus profitable sur le court terme, mais elle n'ouvre pas la voie à une croissance durable.

Savoir choisir ses collaborateurs

Se constituer un réseau ne suffit pas. Dans les affaires ou l'action sociale, il faut aussi trouver les bonnes personnes avec lesquelles travailler. Il faut savoir choisir ses collaborateurs.

Si vous gérez une importante organisation, il est capital de savoir s'entourer des managers avec lesquels travailler. Deux critères sont fondamentaux. Premièrement, vous avez besoin de quelqu'un qui a les compétences requises pour le poste. Deuxièmement, le manager doit être capable d'actualiser la vision qui est au cœur de votre entreprise. Cela ne veut pas dire qu'il doit avoir exactement la même vision que vous, ce qui est très improbable, dans la mesure où nous sommes des êtres uniques. Il suffit que votre vision et celle du manager s'articulent.

Cela vaut la peine de prendre son temps pour trouver la bonne personne. J'ai moi-même passé deux ans à parler avec beaucoup de gens très capables avant de rencontrer Jef Hocberichts, qui est devenu par la suite le manager général de la Greyston Bakery. Jef a d'abord travaillé pour nous comme consultant. Le zen ne l'intéressait guère, mais il était passionné par la création d'équipes de management autogérées à tous les niveaux de l'entreprise. Sa vision s'articulait bien à notre objectif d'autosuffisance.

Je pouvais donc laisser Jef résoudre seul les problèmes quotidiens et, plus généralement, le laisser gérer l'entreprise à sa manière. Il pouvait travailler librement sans voir sa créativité bloquée par la crainte de mes réactions. Même si nous n'avions pas exactement la même vision, nous pouvions collaborer dans une atmosphère de confiance et de respect mutuel.

CHAPITRE 14

Des confiseurs à l'éthique sociale

En 1987, un groupe de femmes et d'hommes d'affaires « socialement responsables » ont tenu une conférence à Gold Lake, dans le Colorado. À l'époque, il existait divers fonds et groupes d'investissement qui refusaient de placer leur argent dans des entreprises dont ils avaient le sentiment qu'elles violaient une éthique sociale et environnementale. En revanche, peu de fonds d'investissement ou d'entreprises apportaient un soutien actif à de bonnes causes. Ils s'en tenaient à dire : « Nous ne vous donnerons pas d'argent, car vous suivez une politique de discrimination à l'égard des femmes, vous investissez en Afrique du Sud ou vous fabriquez des bombes. » L'approche était essentiellement négative. L'une des idées de cette conférence — et ce fut le point de départ d'une organisation portant aujourd'hui le nom de Social Venture Network — a donc été de trouver les moyens de financer des groupes engagés dans de bonnes actions.

Le jour de mon arrivée à Gold Lake, j'ai rencontré trois personnes, Ben, Jerry et Jeff. Ben et Jerry avaient monté dans le Vermont une entreprise fabriquant des crèmes glacées, et quand elle s'est mise à bien tourner, ils ont fait venir un ami de leurs amis, Jeff, pour s'occuper de la partie comptable et juridique.

J'ai fait une promenade autour de Gold Lake avec Ben, et nous nous sommes mis à parler de ce que nous cherchions à réaliser. Nous avions beaucoup en commun. Nous appartenions tous les deux à un groupe d'élite que j'appelle « les confiseurs à l'éthique sociale ». Nous étions tous deux originaires de Brooklyn. Nous avions encore autre chose en commun : j'ai grandi dans une famille peu fortunée, et j'ai donc commencé à travailler assez jeune ; l'un de mes boulots d'été fut vendeur de glaces sur la plage.

Mais nous venions aussi d'horizons très différents. Ben se considérait comme un homme d'affaires penchant vers la spiritualité. Il me voyait comme quelqu'un de spirituel qui tendait vers le monde des affaires. En vérité, nous étions tous deux, je pense, davantage des entrepreneurs socialement responsables que de purs hommes d'affaires. Ben m'a récemment confié que la bénédiction et la malédiction de l'entrepreneur, c'est de voir des opportunités partout. Les opportunités sont partout parce que le monde regorge de besoins. Là où d'autres paniquent à la vue de ces besoins, un entrepreneur se dit : « Excellent, voilà une occasion d'agir. »

Certains hommes d'affaires à l'éthique sociale font don d'une partie de leurs bénéfices à diverses causes charitables. Cette approche n'est en soi pas mauvaise, mais Ben et moi préférons faire des affaires de manière que l'activité entraîne directement un changement social. Ben & Jerry's, la boulangerie Greyston et quelques autres entreprises ont pour originalité d'avoir intégré à la structure de l'entreprise la notion d'action sociale.

Quand votre modèle consiste à générer des bénéfices pour pouvoir financer autre chose, votre motivation première reste l'argent. Ce n'est pas l'action sociale. Vous pouvez toujours prélever un pourcentage de cet argent et en faire don à diverses organisations caritatives, mais votre activité est toujours guidée par l'appât du gain. Nous avons démarré ainsi, mais à présent, d'une entreprise qui gagne de l'argent pour apporter son soutien à diverses causes, nous sommes devenus une entreprise créatrice d'emplois et engagée dans le développement de la communauté.

Il est bien plus direct et efficace d'utiliser ses ressources dans le but de créer le meilleur contexte possible pour concrétiser sa vision.

Après avoir fait plusieurs fois le tour du lac, Ben et moi avons discuté de la manière dont nous pourrions collaborer. Ben & Jerry's disposait d'un certain nombre de franchises aux États-Unis. Notre première idée était donc de vendre nos gâteaux via leurs franchises. Mais nos gâteaux avaient besoin d'être réfrigérés, et Ben & Jerry's n'avait pas de présentoirs à gâteaux réfrigérés dans ses magasins. Il aurait fallu repenser l'intérieur des magasins ou fabriquer des gâteaux n'ayant pas besoin d'être réfrigérés.

Nous nous sommes revus à l'Institut Omega de New York. Ben, Bob Schwartz, le fondateur du Tarrytown Conference Center, et moi-même, animions un atelier pour les personnes soucieuses de développer l'éthique sociale dans leur entreprise ou dans leur vie professionnelle. Ben était très favorable à l'idée de collaborer avec des fournisseurs engagés à suivre une éthique sociale. Il considérait qu'en achetant les produits de fournisseurs socialement responsables, il apporterait son soutien à leurs activités, et contribuerait au développement d'un réseau susceptible d'attirer d'autres acteurs.

Mais l'un de ses produits lui posait des problèmes. C'était une gaufrette moelleuse au chocolat fondant, dont il se servait pour la fabrication de sandwiches à la glace. Prenez deux de ces gaufrettes, disposez entre elles une bonne couche de glace à la vanille, et vous obtenez un chocolate fudge brownie sandwich.

À l'époque, Ben & Jerry's achetait cette gaufrette pour plusieurs millions de dollars à une pâtisserie de la région de Boston. Cette dépendance vis-à-vis de ce fournisseur unique, qui pouvait faire faillite ou augmenter ses prix, le rendait nerveux. Au nom d'une pratique commerciale saine, il souhaitait avoir un deuxième fournisseur, et au nom de l'action sociale, il pensa à nous.

Mais comme cette nouvelle pâtisserie allait servir de deuxième fournisseur pour un produit donné, la gaufrette produite par le deuxième fournisseur devait avoir exactement le même goût que celle du premier. Depuis deux ans, Ben avait tenté de trouver une autre entreprise pour produire cette gaufrette, en vain.

La pâtisserie de Boston n'ayant aucunement l'intention de partager avec nous sa recette secrète de la gaufrette fourrée au chocolat, nous allions devoir développer un procédé et une recette pour le fourré au chocolat qui soient la copie conforme des leurs. Et cela voulait dire que le goût devait être identique au leur *une fois* la glace placée entre les deux gaufrettes, le sandwich mis à réfrigérer (précisément le moment où la glace est absorbée par la gaufrette) et puis décongelé pour être mangé.

Au début, nous étions récalcitrants à l'idée de signer ce contrat, car c'était très différent de notre ligne commerciale habituelle. Nous proposions des gâteaux et des tartes couronnés de prix ou des pâtisseries faites sur commande.

La gaufrette, en revanche, même si elle devait être de la meilleure qualité, restait un produit de grande consommation. Et, bien sûr, nous allions avoir besoin de beaucoup d'argent pour acheter le nouvel équipement et le matériel, ainsi que pour former de nouveaux employés. Nous avons d'ailleurs fini par avoir besoin de 500 000 dollars.

En outre, se posait le problème de la fabrication du brownie. Plutôt que de nous donner de l'argent, Ben nous a passé commande de grandes quantités de brownies au chocolat fondant. Cette production n'avait rien à voir avec celle des gâteaux au fromage de qualité et autres pâtisseries faites sur commande, avec lesquels nous avions bâti notre réputation. Mais ce contrat permettait d'accroître substantiellement notre activité, d'embaucher une nouvelle équipe parmi nos voisins, et de former ceux-ci à une profession qui les rendrait autonomes. Et c'était l'occasion de collaborer avec une autre entreprise à l'éthique sociale, dans une configuration potentiellement profitable à nos deux entreprises.

Sans aucune expérience préalable dans

ce genre de production à grande échelle, nous nous sommes donc donné pour objectif d'égaler la recette secrète de la pâtisserie concurrente. Nous avons passé des semaines à faire des expériences avec notre pâte afin d'obtenir le goût et la consistance voulus. Nous ne cessions d'envoyer des échantillons à Ben & Jerry's, à leur usine du Vermont, où ils étaient soumis à des tests de goût.

On nous a finalement dit que, si nos chocolate fudge brownies ne correspondaient pas exactement à ceux du premier fournisseur, leur goût était suffisamment proche. Le feu vert nous a été donné, nous avons embauché et formé une nouvelle équipe, et nous avons lourdement investi dans de coûteux fours et mixeurs automatiques.

Et la catastrophe est arrivée. Les responsables du contrôle de la qualité de Ben & Jerry's ont jugé que la ressemblance n'était finalement pas suffisamment grande, et la commande a été annulée. Quand la nouvelle est tombée, la banque nous a adressé une lettre mentionnant notre commande de Ben & Jerry's, nous demandant d'abandonner notre collaboration avec eux et de retourner à notre activité première de gâteaux et de cookies. Ils voulaient que nous arrêtions les pertes. Les banquiers nous ont même expliqué que si nous ne le faisions pas, ils annuleraient nos facilités de caisse *et* exigeraient le remboursement de tous les prêts concédés — ce qui représentait une somme supérieure à 150 000 dollars, que nous ne possédions pas.

Nous aurions pu reconnaître alors avoir échoué, et fermer la boulangerie. Nous aurions pu considérer que dans la mesure où nous n'avions pas réussi à trouver la bonne formule, il nous fallait jeter l'éponge. Mais de mon point de vue, il s'agissait moins de réussir à trouver la bonne formule que de faire de notre mieux. Nous avions envie de collaborer avec Ben & Jerry's afin d'établir un lien entre activité commerciale et changement social. Pendant plusieurs mois, nous avons donc continué à faire des expériences, ajoutant un peu de ceci, retirant un peu de cela, jusqu'à ce qu'ils soient satisfaits. Et à présent, les chocolate fudge brownies contribuent pour une part très importante à la santé financière de notre boulangerie, de même qu'à sa mission sociale.

Beaucoup ne veulent pas agir avant de savoir ce qui est juste. Une expression dit : « Fais ce qui est juste. » Mais comment savoir ce qui est juste ? On ne peut jamais en être sûr. Peut-être faudrait-il dire simplement : « Fais les choses les unes après les autres. » Et si nous le faisons de notre mieux, peu importe ce que c'est, il y a des chances pour que ce soit aussi ce qui est juste.

CHAPITRE 15

Faire ou ne pas faire du profit

Les hommes d'affaires adorent parler de rentabilité. Mais sur le long terme, le commerce, l'action sociale et la spiritualité relèvent de la même rentabilité. Cette rentabilité n'inclut pas seulement les bénéfices financiers, mais aussi la contribution apportée à la communauté et la transformation spirituelle des personnes travaillant ensemble.

Nous devons prendre en compte toutes ces dimensions, même si nous pensons n'être intéressés que par le profit, calculé en dollars et en cents. Les entreprises ont besoin de main-d'œuvre pour la production des biens, et d'une communauté pour vendre. Plus les employés sont impliqués et la communauté est prospère, plus l'activité sera rentable. C'est du simple bon sens. Une rentabilité qui tient compte de ces trois dimensions maximisera en même temps les profits.

Les bénéfices

Le retour sur investissement est la seule force motrice d'une activité, ou de toute entreprise. Pour les sociétés commerciales, le retour sur investissement correspond habituellement aux profits, mesurés en dollars. Pour une association à but non lucratif, on pourrait calculer le retour sur investissement à partir du nombre de personnes recevant un repas quotidien ou du nombre de sans-abri bénéficiant d'un logement.

Mais en réalité, la rentabilité, comme la vie, n'est jamais quelque chose de simple. Mon travail universitaire de troisième cycle a porté sur la théorie de l'optimisation. C'est pourquoi je me représente la rentabilité à la fois comme une forme de retour sur investissement et comme un ensemble de contraintes. Du point de vue du retour sur investissement, nous pourrions considérer ces contraintes comme des limitations, mais elles nous obligent aussi à chercher des solutions réalistes.

Lorsque j'étais chez McDonnell-Douglas, je travaillais à la préparation d'une mission sur Mars. Naturellement, nous souhaitions réaliser la mission dans les plus brefs délais pour économiser du carburant et ramener le plus vite possible les astronautes à leur famille. C'était le retour sur investissement. Mais nous avions aussi une contrainte de taille : plus vous allez vite, plus la température est élevée, et vous ne pouvez pas soumettre la navette à des températures trop élevées sans provoquer sa désintégration.

Pour la boulangerie Greyston, le retour sur investissement correspond à l'argent calculé en profit. Mais il y a des contraintes à ce profit. L'une d'elles, par exemple, est que les employés de la boulangerie doivent être suffisamment bien payés pour pouvoir se loger décemment. Une autre contrainte est de garantir aux employés une couverture médicale. Nous avons également pour contrainte d'engager la boulangerie dans le développement de la communauté. Nous pourrions ajouter aussi de garantir aux employés une vie de famille réussie, ou de leur offrir la possibilité d'un développement spirituel.

Pour le Greyston Family Inn, dans un projet d'action sociale à but non lucratif, le retour sur investissement pourrait se calculer sur le nombre de familles ne vivant plus des aides sociales. Mais le revenu généré par le Greyston Family Inn pourrait être une contrainte.

Pour la communauté zen, le retour sur investissement serait le nombre de personnes ayant atteint l'éveil. Mais l'une des contraintes pourrait être le bonheur de celles-ci ! Ou encore, la garantie d'une vie de famille satisfaisante, leur capacité à subvenir décemment à leurs besoins, ou leur souci de l'autre.

Nous avons, semble-t-il, une fâcheuse tendance à nier la réalité. Mais la réalité a une manière bien à elle de se frayer un chemin sans crier gare. Elle finit toujours par prendre le dessus. En réalité, plus vous ajoutez de contraintes, plus votre action est efficace. Certains s'imaginent que plus vous incluez de contraintes à votre rentabilité, plus le retour sur investissement ou le profit est faible. Beaucoup d'hommes d'affaires ont eu ce genre de craintes lorsque le Japon a répandu la notion de contrôle de la qualité. Ils pensaient que l'intégration du coût de ce contrôle ferait baisser les profits. Mais ce ne fut pas le cas, et à présent, tout le monde inclut comme une contrainte nécessaire le contrôle de la qualité au calcul de la rentabilité. Je pense que dans le futur, nous serons amenés à inclure à toute notion de rentabilité une sorte de contrôle de qualité de la vie. Et ce contrôle de la qualité inclura des éléments comme la spiritualité, la santé et le développement de la communauté.

Faire ou ne pas faire de profit

Deux conceptions s'opposent : d'un côté, les sociétés commerciales qui ne pensent qu'à l'argent, et de l'autre les associations à but non lucratif qui décrient le monde des affaires. Mais à ne pas inclure la notion de profit dans le calcul de la rentabilité, les militants sociaux finissent en réalité par éloigner les gens de l'autosuffisance. Et à ne pas inclure le développement de la communauté dans leur rentabilité, les femmes et les hommes d'affaires épuisent à la fois leurs propres employés et leurs clients. À mon avis, l'avenir des sociétés commerciales et des organisations d'aide sociale réside dans une approche synergique, faisant appel à la fois aux approches commerciales et aux approches non lucratives. Ces deux types d'approches peuvent s'épauler et s'aider mutuellement.

La boulangerie Greyston est une société commerciale qui a la mission d'une association à but non lucratif. Cette mission commande son implantation dans les quartiers difficiles, sa détermination à créer des emplois pour débutants, sa stratégie à ne pas automatiser avant que ses employés ne soient en mesure d'assurer des postes plus qualifiés, ses équipes de travail autogérées, un environnement général de soutien et de respect, et une ambiance amicale. En retour, l'engagement de la boulangerie à participer au développement des quartiers difficiles a attiré des clients partageant ces mêmes valeurs sociales, et cette dynamique a engendré un accroissement de l'activité de la boulangerie. Avoir été sélectionné par Ben & Jerry's pour être son unique fournisseur de pépites de brownies au chocolat fondant est un exemple éloquent du bon fonctionnement de cette dynamique. Ben & Jerry's a d'ailleurs changé de fournisseur pour ses brownies du fait de la « valeur ajoutée » que représente la mission sociale de la boulangerie Greyston.

En même temps, la boulangerie est une société commerciale. Réaliser des bénéfices constitue par conséquent une priorité essentielle. Dans son rapport de 1994 sur l'activité des boulangeries, Dun & Bradstreet a classé la boulangerie Greyston dans le tiers de tête eu égard aux marges bénéficiaires et aux actifs. L'envie de faire du profit stimule une croissance de long terme, favorise la survie de l'entreprise et rend la mission sociale viable. Beaucoup d'associations à but non lucratif offrent des formations professionnelles et font du bon travail dans ce domaine. Mais elles dépendent d'un soutien financier extérieur, et elles peuvent par conséquent être contraintes de réduire leurs activités ou de déposer le bilan, en dépit de la qualité de leur action. Conjuguer l'approche des associations à but non lucratif à celle des entreprises privées permet d'allier les vertus du bénéfice social à l'énergie de l'autosuffisance.

Des équipes de management autogérées

À la boulangerie Greyston, nous avons tenté l'expérience de mettre en place des équipes de management autogérées afin d'encourager le développement personnel par le biais d'incitations économiques.

Les équipes de management autogérées fonctionnent au mieux quand elles sont liées à une incitation de l'employé — plus les équipes produisent, plus elles gagnent d'argent.

Les équipes sont responsables des personnes qu'elles intègrent en leur sein. Elles se chargent de les former. Elles ne tolèrent pas des membres de l'équipe qu'ils aient de graves problèmes de drogue, d'alcool, d'absentéisme ou de retard chronique, car ces comportements ont une incidence sur l'argent gagné par l'ensemble des coéquipiers. Ces dispositions incitent les membres à travailler ensemble, harmonieusement.

D'habitude, c'est la direction qui souhaite installer des horloges et garder un œil vigilant sur les heures effectives de travail. Mais il y a quelques mois, une femme est venue voir Jef dans son bureau pour lui demander d'installer une horloge à l'étage. Quand Jef lui en a demandé la raison, elle a répondu : « Beaucoup font des pauses, et nous voulons savoir combien de temps ils s'octroient ! »

Les employés non qualifiés ne peuvent pas être transformés du jour au lendemain en travailleurs qualifiés et responsables sur le plan social. C'est pourquoi nous avons institué un programme en trois temps.

Dans une première phase, les employés sont suivis de près. Une attention particulière est donnée à l'acquisition d'un savoir-vivre élémentaire sur le lieu de travail, comme arriver tous les jours à l'heure et s'entendre avec ses collègues et ses supérieurs.

Dans une deuxième phase, les employés sont groupés en équipes de travail. Celles-ci prennent en charge une bonne partie du rôle de surveillance. Le salaire est lié à la production.

Dans une troisième phase, les employés gèrent l'activité par le biais d'équipes de travail autogérées. À ce stade, les employés possèdent des parts dans la société.

Si les équipes de management autogérées ont sans doute une raison d'être économique, elles ont aussi de profondes vertus éducatives, psychologiques et même spirituelles. Elles conduisent à l'autosuffisance et à l'estime de soi, elles enseignent à s'entraider et à travailler ensemble harmonieusement vers un objectif commun. En outre, elles peuvent jouer un rôle important dans la revitalisation de nos quartiers difficiles, en créant une masse salariale bien formée, socialement responsable et autonome.

Définissez votre rentabilité

Le concept de rentabilité doit être appliqué aux entreprises commerciales et aux associations à but non lucratif. En tant que manager, vous devez engager une discussion avec l'ensemble du personnel pour définir, pour votre entreprise, le contenu à donner à la notion de rentabilité, en incluant à la fois la fonction du retour sur investissement, et autant de contraintes que vous êtes en mesure d'en identifier. Chaque situation est différente. Un dialogue est nécessaire pour définir le meilleur dosage possible pour votre entreprise ou votre projet. Cette discussion vous aidera à clarifier votre vision et vos valeurs, à formuler clairement le sens véritable de votre entreprise et de votre vie.

Cuisiner une entreprise

Lorsque nous « cuisinons » une entreprise — et en l'occurrence tout type d'organisation —, nous devons trouver le moyen de garantir l'intégrité, la saveur propre de chaque composant de la structure, tout en s'assurant que chaque ingrédient s'allie bien aux autres.

L'exercice est assez délicat, car il est naturel pour chaque composant de développer sa propre individualité et de se détacher des autres. Dès l'instant où nous nous mettons à tisser un filet de communication, les différents éléments commencent à se défaire. Mais on ne pêche pas autant de poissons avec un petit filet qu'avec un grand. Nous devons donc trouver le moyen de maintenir ensemble les différents éléments.

Les mystiques juifs racontent qu'au tout début de la Création, la flamme sacrée a éclaté en des milliards d'étincelles, et que ces étincelles se doivent d'être rassemblées à nouveau au sein de la flamme sacrée.

À chaque instant, les choses cherchent donc à se dissocier. Je veux être distinct de toi. Je veux que mon équipe soit meilleure que la tienne, ou que mon département réalise de meilleures performances. Je veux voir cette organisation-ci réussir mieux que celle-là. Cette tendance des étincelles à voler en éclats rend nécessaire la présence de quelqu'un dont la tâche consiste à rassembler les étincelles dans l'unité — la vie une, la vie pleine, la flamme sacrée —, cette unité qui est leur véritable nature.

Le rassembleur des étincelles éparses est le grand chef, ou le cuisinier zen. Et la flamme sacrée est le grand festin du repas suprême.

Le principe organisationnel, du moins pour le modèle Greyston, est l'interaction vivante, dynamique, entre spiritualité et moyens d'existence.

La boulangerie Greyston, par exemple, donne des emplois aux familles SDF logées par le Greyston Family Inn. Le Greyston Family Inn offre des logements et une garderie aux employés de la boulangerie. La boulangerie et le Family Inn proposent une formation professionnelle et une aide pour acquérir des compétences élémentaires. Greyston Builders réalise des logements pour le Family Inn tout en donnant des emplois aux ouvriers du bâtiment vivant dans l'immeuble et issus des milieux défavorisés.

Nous cherchons en même temps à créer un environnement propice au développement spirituel et à la transformation — non pas en préconisant une pratique spirituelle spécifique, mais simplement en offrant un cadre où il est possible d'avoir une expérience directe de la non-dualité et de l'interdépendance de la vie.

Il ne s'agit pas de créer une atmosphère spirituelle précieuse et consciente de l'être. Les employés de la boulangerie Greyston écoutent plus de rap que de musique méditative new age. Mais les équipes autogérées peuvent susciter un souci tout naturel pour le groupe, et permettre de faire une expérience très claire de l'interdépendance. Un environnement propre et bien organisé peut ôter toute confusion dualiste. Former les gens à se concentrer sur le moment présent dans leur travail plutôt que sur un objectif futur peut stimuler une conscience méditative du moment présent. Et ne pas dépendre d'une solution technologique pour le futur nous aide à trouver en permanence de petites améliorations aisément applicables ici et maintenant. La conséquence naturelle d'un tel environnement est de rechercher des pratiques spirituelles ou des conseils avisés en matière de spiritualité, adaptés à la vie de chacun.

Ainsi, notre vie quotidienne et le travail lui-même peuvent devenir propices à une transformation spirituelle.

CHAPITRE 16

Servir et offrir

Au Japon, une pratique monastique du nom de *takuahatsu* — littéralement « porter les bols » — consiste à aller quotidiennement recueillir des dons de nourriture. Cette pratique remonte à l'époque du Bouddha, avant la sédentarisation des moines dans des monastères équipés de cuisines.

Mais la pratique de *takuahatsu* n'a pas simplement pour but de recueillir des offrandes de nourriture. Elle apprend aussi à savoir se comporter face à toutes ces offrandes. Les moines portent de grands chapeaux de paille qui recouvrent la moitié supérieure de leur visage. Ils ne regardent ni le donateur ni la nourriture offerte. Tout don est accepté avec gratitude.

On ne comprend pas toujours bien cette pratique, ou on n'en saisit pas la valeur. Une histoire raconte qu'un moine était en train de mendier quand une femme lui cria à la figure : « Toi, le moine, espèce de fainéant, va travailler ! » et elle lui vida un grand seau d'eau sur la tête. Le moine se mit en colère. De retour au monastère, son maître lui rappela que, dans la pratique de *takuahatsu*, toute offrande, bonne ou mauvaise, doit être acceptée avec équanimité. Le moine, disait le maître, aurait dû accepter la colère de cette femme comme une offrande.

Nous devons nous aussi apprendre à recevoir les diverses offrandes que nous recevons de la vie. Parfois, nous en recevons trop ou trop peu ; parfois, nous nous sentons insultés ou maudits ; et parfois, nous recevons une généreuse offrande de louanges, souvent plus difficile à accepter que toute autre offrande.

Que votre foyer soit votre temple

Il y a quelques années, le dalaï-lama, le chef spirituel et temporel du Tibet, a rencontré un groupe de rabbins du New Jersey. Le dalaï-lama a demandé aux rabbins comment les juifs avaient réussi à préserver pendant les deux mille ans d'exil leur religion et leur culture. Les Tibétains étaient en exil depuis trente ans, a-t-il ajouté, et il était préoccupé par l'avenir de leur religion.

L'un des participants, Blu Greenberg, a répondu au dalaï-lama que les juifs avaient préservé leur religion vivante après la destruction du Temple grâce à l'ingénieuse idée des rabbins : ils ont déclaré que chaque foyer devait être un temple. Et ils ont ritualisé le sabbat. Des bougies sont disposées sur la nappe, et le repas tout entier devient une offrande. Traditionnellement, les bougies sont allumées d'une certaine manière, puis le repas débute par le lavage des mains rituel. Une bénédiction est ensuite récitée au-dessus du pain et du vin, et le repas du sabbat devient ainsi chaque semaine une communion. La diaspora n'a pas perdu cette tradition, préservée par les familles. Mais le plus important est la participation des enfants, ce que le dalaï-lama jugea fort intéressant car, a-t-il dit, « quand nos enfants viennent au monastère, ils ont tendance à s'endormir ».

Que votre lieu de travail soit aussi votre temple

Aller au zendo, à la synagogue ou à l'église est un acte magnifique, mais il faut faire attention de ne pas tomber dans le piège de croire que le lieu de culte est le seul endroit où nous pouvons pratiquer notre religion. Même si nous disposons d'un zendo dans notre communauté, je cherche à m'assurer que les gens comprennent bien qu'ils peuvent pratiquer la méditation chez eux. Les catholiques doivent aller à l'église pour recevoir la communion, ce qui est tout à fait acceptable. Mais si vous n'êtes pas à proximité d'une église, vous ne pouvez pas prendre part à la communion.

Il était, semble-t-il, judicieux de la part des juifs de faire entrer la religion dans les foyers. En revanche, notre maison n'est pas notre seul temple. Notre lieu de travail, notre entreprise, sont également un temple. Quand nous avons monté la boulangerie Greyston, nous avons aménagé un zendo au dernier étage de la boulangerie, au-dessus des bureaux. Nous avons poncé le bois et vitrifié le sol, pour disposer également sur notre lieu de travail d'un espace où nous asseoir en méditation.

C'est un élément fondamental pour ce que nous cherchons à réaliser. Quand nous cuisinons le repas de notre vie, notre lieu de travail doit être notre temple. On ne va pas d'abord au bureau pour travailler et ensuite dans un autre endroit pour être spirituel. La spiritualité, quelle que soit la manière dont nous la définissons, est l'un des ingrédients de base de l'activité professionnelle.

La spiritualité est aussi l'un des ingrédients de base de l'action sociale. Si aucune transformation personnelle n'a lieu — chez les personnes qui aident comme chez celles qui sont aidées —, il ne peut y avoir de changement fondamental. Et sans une telle transformation, nous restons enchaînés à une conception du monde qui nous sépare de la réalité. Tout changement sera alors quantitatif, et non qualitatif. Un changement fondamental s'opère seulement si nous brisons les murs de nos illusions. Après tout, les institutions sont faites d'individus.

Mais nous devons être attentifs à ne pas imposer la spiritualité — pas plus, d'ailleurs, que quoi que ce soit — aux autres. Au Greyston Family Inn, nous ne demandons à personne, et nous n'attendons de personne, de s'intéresser au zen ou à toute autre religion. En revanche, nous offrons divers programmes sur le thème de l'estime de soi ou le développement personnel, et nous encourageons toutes formes d'engagement spirituel.

Dans les affaires, l'action sociale et, dans la vie, la transformation spirituelle sont la levure qui fait monter le pain.

De la nourriture pour les bouddhas

Dans les monastères zen, quand un cuisinier a terminé de préparer à manger, il se prosterne dans la direction des moines qui attendent leur repas dans le hall de méditation, et il offre une portion de la nourriture au Bouddha, au feu de la cuisson, aux déités protectrices de la cuisine et aux esprits affamés. Puis il salue le premier serveur, qui offre la nourriture aux moines, au son d'un impressionnant roulement de tambour.

Le repas n'étant pas considéré comme un temps de repos mais comme un prolongement de la méditation, les moines mangent assis sur leur coussin dans le hall de méditation. Avant de commencer, ils récitent un chant énumérant les soixante-douze travaux nécessités par cette nourriture — les agriculteurs qui ont labouré la terre et planté le riz, ceux qui l'ont ramassé et battu, jusqu'aux moines qui les servent alors qu'ils chantent —, pour se rappeler de vivre leur vie afin d'être dignes de tous les efforts requis pour préparer ce repas.

Les moines mangent dans des bols spéciaux — c'est la cérémonie de l'*oryoki* — conçus sur le modèle de ceux utilisés par le Bouddha pour mendier. Le bol de l'*oryoki* est le récipient qui contient la bonne quantité de nourriture. Celle-ci est différente pour chaque personne, car chaque être a des besoins différents. Parler de « peu » ou de « beaucoup » de nourriture n'a aucun sens. Les moines mangent seulement ce dont ils ont besoin, ni plus ni moins. Par un geste de la main, ils indiquent au serveur la quantité de nourriture que celui-ci doit déposer dans leurs bols. Ils peuvent en redemander une deuxième, et même une troisième fois. Mais ils doivent faire attention à ne pas en demander trop, car les restes ne sont pas permis.

Soignez la présentation

En Occident, nous avons bien sûr une manière très différente de servir la nourriture. Mais le principe n'est finalement pas si différent. Quand nous disposons avec soin la nourriture sur des plateaux, quand nous prenons le temps de mettre la table, nous faisons également une sorte d'offrande.

Même si nous affirmons manger par faim, nous ne mangeons pas debout dans la cuisine à même la casserole, et nous ne prenons pas non plus une louche pour servir la nourriture dans les assiettes comme à la cantine. Nous attendons, avec un certain degré de patience, voire de renonciation, que les mets soient bien disposés et présentés. La présentation et la disposition des plats, des bougies et des fleurs sur la table sont une part très importante de la préparation du repas.

En mangeant, nous nous nourrissons et nous satisfaisons notre faim. Mais une bonne présentation de la nourriture nourrit aussi notre sens de la vue, de la beauté, de la couleur et de la proportion.

J'intègre toujours la dimension esthétique à notre action sociale. La plupart des travailleurs sociaux ne procèdent pas ainsi. Et en constatant l'importance que nous donnons à l'aspect esthétique, ils s'interrogent : « Mais en quoi l'aspect esthétique a-t-il à voir avec leur estomac ou leur emploi ? »

La réponse est : cela a tout à voir avec les gens que nous servons. Ils ont besoin d'un logement, de nourriture et d'un travail, mais ils ne se résument pas à un logement, à de la nourriture et à un travail. Ils sont plus que ça, bien plus. Les êtres humains ont toujours une dimension esthétique. Un bel environnement nous inspire de vivre plus pleinement, d'apprécier la valeur de notre monde et de nous apprécier les uns les autres. La beauté de l'art et de la nature nous rappelle à l'harmonie et à la splendeur intérieures, droits naturels de tout être humain. Les Japonais le comprennent très bien : chaque maison, chaque échoppe, aussi modeste soit-elle, recèle un *tokonoma* — une niche pour accrocher une peinture et faire place à un petit arrangement floral. C'est un petit rien, mais qui élève l'esprit et ajoute de la dignité et de la grâce à la vie quotidienne.

L'art joue également un rôle important dans le processus de prise en charge des individus par eux-mêmes. Mitch Snyder, le fondateur d'un centre communautaire alternatif pour sans-abri à Washington DC, s'est aperçu que les programmes de théâtre, de peinture et d'écriture étaient particulièrement efficaces pour aider les SDF à prendre à nouveau leur vie en main.

Si, dans notre société, l'aspect esthétique est généralement absent de l'acte de servir, la raison en est peut-être que les cuisiniers ne regardent pas leurs invités de suffisamment près. Peut-être nourrissent-ils leur propre représentation d'un sans-abri.

Je n'ai jamais considéré une soupe populaire comme un endroit où l'on ne fait que distribuer de la nourriture. À mon sens, une soupe populaire doit être un restaurant avec des nappes et des fleurs. Ce doit être un lieu de dignité. Car quand je regarde ceux que je sers, je ne vois pas des lépreux, je ne vois pas des abstractions, les « SDF ». Dans la rue, il n'y a pas de statistiques. Tout ce que je vois, ce sont des gens qui apprécient les mêmes choses que moi. Je n'ai peut-être pas l'argent pour tout faire aussi bien que je le voudrais, mais avec les ingrédients dont je dispose, je peux certainement faire de mon mieux. Ce souci esthétique est reflété dans la structure même de notre immeuble. Un store bleu pâle fait un auvent à l'extérieur du bâtiment du 68, avenue Warburton. À l'arrière de l'immeuble, nous avons aménagé un jardin secret pour les enfants, une sorte de lieu magique, avec une cascade, un arbre à escalader, et des arbustes pour jouer à cache-cache. Il est fascinant de voir le nombre de personnes qui passent devant cet immeuble et s'étonnent : « On ne dirait pas un immeuble pour SDF », simplement parce que nous avons conçu des logements permanents, agréables à vivre et dignes. En un sens, ils ont raison. L'immeuble n'est pas une habitation pour sans-domicile-fixe. Aucun SDF n'y vit. Tous les occupants ont des appartements, et certains sont en passe de devenir propriétaires. La situation évolue constamment. À présent, il y a tout un nouvel ensemble d'ingrédients avec lesquels travailler.

Dans les affaires, l'aspect esthétique est également très important. (Certains hommes d'affaires font d'ailleurs l'erreur de penser que c'est la seule chose qui compte.) À la boulangerie, par exemple, l'apparence des pâtisseries est un élément capital. Apprendre à glacer un gâteau fait partie de l'art culinaire. En réalité, c'est exactement comme la calligraphie. Le pistolet pour glacer est le pinceau du calligraphe, et le glaçage est l'encre. Les décorations du gâteau ne le rendent pas seulement attractif, son aspect communique une partie de l'esprit de sa fabrication.

De l'enfer au paradis

Une vieille peinture zen représente l'enfer et le paradis. En enfer, les fantômes faméliques sont assis autour d'un gigantesque banquet, avec toutes sortes de mets délicieux, et à l'aide de cuillères à très long manche, les convives cherchent à se sustenter. Mais malgré tous leurs efforts, ils ne parviennent pas à atteindre leur bouche.

Au paradis, les fantômes faméliques sont assis à la même table, mais cette fois, les esprits affamés se donnent mutuellement à manger à l'aide de leurs longues cuillères, et tous finissent par pouvoir se nourrir.

Voilà comment transformer notre monde d'un enfer en un paradis : en offrant une portion de notre nourriture aux fantômes faméliques — nos semblables —, nous pouvons satisfaire notre faim la plus profonde.

Offrir en retour

Ayant reconnu et apprécié tous les travaux nécessaires à l'acheminement de la nourriture jusqu'à nous, nous en offrons en retour.

Si, lorsque nous créons une entreprise, nous n'offrons rien en retour à la communauté, nous ne faisons que prendre de cette communauté ; et si nous n'offrons rien en retour à la planète, nous ne faisons que prendre de la planète. De même avec l'agriculture : si nous ne procédons pas à une rotation des sols, ou si nous ne les fertilisons pas, un jour ou l'autre, le sol ne nous nourrira plus.

Ainsi, à chaque repas, nous faisons une offrande. Imaginez-vous : si vous n'offrez rien, tous ces fantômes faméliques reviendront, et prendront toute votre nourriture. Si vous laissez les gens s'appauvrir, la situation se détériorera et finira un jour par exploser.

Le cuisinier zen offre donc toujours quelque chose en retour — aux esprits affamés, à la communauté et à la terre Et nous réalisons alors que ce que nous mangeons est également une offrande Nous sommes toujours en train de servir et de recevoir — et vice versa.

CHAPITRE 17

Comment manger

Manger constitue le point culminant de tout ce qui a été décrit jusqu'ici — nettoyer et préparer, rassembler les ingrédients, couper et hacher, mélanger à l'aide d'ustensiles divers, cuire et servir. Manger est le paroxysme. C'est la cérémonie du festin, de la communion, de la bénédiction ou de l'expression de la gratitude.

Notre façon de manger doit exprimer notre appréciation de la nourriture et des efforts mis dans la préparation du repas. Savourons la texture et les saveurs de la nourriture. Pour cela, mangeons lentement, ou tout au moins plus lentement que d'habitude. Et faisons preuve d'attention à l'égard de ce que nous mangeons et de ceux qui partagent notre repas. Prenons notre temps. On recommande parfois de mâcher le riz cinquante fois avant de l'avaler. Si cela est peut-être quelque peu excessif, nous devrions mâcher notre nourriture au moins suffisamment pour en apprécier les six saveurs : l'amer, l'acide, le sucré, le salé, le doux et l'épicé.

Si nous mangeons avec une telle vigilance, nous finirons par manger exactement la bonne quantité, quelle qu'elle soit pour nous, tout comme les moines zen au cours de la cérémonie de l'*oryoki*. Manger trop peu reflète un manque d'attention envers les ingrédients, le cuisinier et le serveur — en fait, un manque d'attention en général dans notre vie. Manger trop renvoie à notre refus de voir le repas prendre fin, ou à notre attachement à l'égard de l'agréable sensation de manger. Mais avoir trop d'une chose, quand bien même celle-ci est bonne, devient rapidement douloureux. De même dans les affaires, à vouloir s'accrocher à la richesse et aux profits. Quand c'est le cas, le transit s'arrête et le résultat en est la constipation, qui vous pourrit de l'intérieur.

La vie et la mort

Manger exprime la nature paradoxale de la vie. Quand nous mangeons un repas préparé par nos soins, nous réalisons que tout ce que nous avons créé, tout notre travail, est voué à la consommation, à l'annihilation. La vie est un processus permanent de création et de destruction. Nous ne pouvons pas nous accrocher au repas préparé. Nous devons le servir. D'ailleurs, si nous mangeons entièrement notre repas, en l'appréciant, nous nous rendons compte qu'il n'y a rien à quoi s'accrocher.

La nourriture est en même temps offrande et sacrifice. Dans la tradition zen, le premier précepte est de ne pas tuer. Une manière d'étudier ce premier précepte est de considérer tous les êtres vivants qui ont donné leur vie pour le maintien de la nôtre. À chaque instant, cette vie se crée et s'habille de millions d'offrandes et de sacrifices. Le premier précepte exprime alors une formidable appréciation du flot de la vie.

Notre expérience de la vie s'enrichit et s'approfondit, et nous minimisons spontanément la quantité de sacrifice nécessaire à notre subsistance, nous mettant à vivre plus simplement. Une gratitude accrue pour ce système infini de soutien nous pousse à faire le meilleur usage possible de tous ces sacrifices. Nous finirons peut-être par décider de devenir végétariens plutôt que de rester des amateurs de viande. Même si manger de la viande et des légumes implique à chaque fois prendre la vie, il est possible de ressentir une différence entre manger des aliments ayant conscience d'être tués et manger des aliments ne disposant pas de cette conscience.

Il y a au cœur de la pratique du zen

une profonde ironie : la manière la plus stricte de respecter le premier précepte de ne pas tuer est de « tuer le moi ». Si nous sommes capables de tuer le moi — autrement dit de vraiment l'oublier —, nous cultivons et nous entretenons à cet instant la vie de la manière la plus complète et la plus véritable qui soit. En tuant le moi, nous éliminons la séparation qui menace la vie et qui rend possible en tout premier lieu l'acte de tuer ; car le zazen est là pour la totalité de la vie, et non pour ce que nous aimons ou n'aimons pas. Cela signifie ne pas faire l'expérience de la séparation, ne pas voir l'autre comme différent de soi.

Récemment, je songeais à la vie du Bouddha, et à la manière dont son père avait tenté d'épargner à son fils l'expérience de la souffrance, de la vieillesse et de la mort. Cette histoire est devenue une métaphore du déni ou de la séparation de tous ces aspects de nous-mêmes ou de la société dont nous avons peur, ou que nous ne sommes pas prêts à affronter. Depuis cinq ou dix ans, j'ai ressenti le besoin de porter témoignage de tous ces aspects de la société que je crains ou que je nie.

C'est à partir de ma pratique du zazen, à partir d'une pratique consistant à porter témoignage de la vie dans sa totalité, que j'ai réalisé l'importance de porter témoignage de ce qui fait l'objet d'un déni. En portant témoignage, j'apprends, je m'ouvre à ce qui est. Il y a là un processus de guérison. Et ce que nous refusons de voir est source d'enseignement. Nous n'allons pas vers ces choses pour leur donner des leçons. Ce sont elles qui nous apprennent quelque chose.

Laissez un peu d'espace

Yasutani Roshi avait l'habitude de dire que les deux premiers tiers du repas sont pour nous, et le dernier est pour le docteur. Il voulait dire par là qu'il n'est pas sain de se remplir complètement la panse. Mieux vaut laisser un peu d'espace. Nous ne voulons pas surcharger notre corps.

L'air est également de la nourriture, et respirer, c'est un peu comme manger. Dans la méditation zen, nous nous représentons le ventre comme un ballon. À l'inspiration, nous ne remplissons pas le ballon jusqu'au point de rupture. Nous laissons un peu d'espace. Et à l'expiration, nous ne laissons pas le ballon se dégonfler complètement. Nous voulons une respiration continue, et nous laissons donc un peu d'air à l'intérieur pour une transition en douceur.

La même règle est valable dans les affaires. Si la banque est d'accord pour vous octroyer un prêt de 500 000 dollars, songez à n'en emprunter que 400 000. Si l'activité se développe très rapidement, tel un ballon, songez à ramener le taux de croissance à environ 20 %. Laissez-la se développer, mais donnez-vous un peu d'espace pour respirer.

Le pain quotidien

À manger deux, trois ou quatre fois par jour, il est facile d'oublier combien cet acte est extraordinaire. C'est comme le lever ou le coucher de soleil. Le soleil se lève et se couche quotidiennement. Si le lever de soleil est particulièrement beau, nous allons peut-être le remarquer. Mais s'il n'a rien de « particulier », il est possible de ne pas le voir.

Si nous sommes au contraire capables de le voir comme si c'était la première fois, chaque lever de soleil est alors unique et très beau. De même avec chaque repas pris.

Au Japon, on se prosterne constamment les uns devant les autres. Les étudiants zen se prosternent bien sûr devant leur maître, mais une tradition veut que l'on se prosterne devant le maître même en son absence. Nous avons d'ailleurs coutume de dire qu'il est plus important de se prosterner devant le maître quand il n'est pas là.

Il est, de la même façon, important, à

mon sens, de pouvoir célébrer, même lorsqu'il n'y a, de notre point de vue, rien à célébrer. Il est important de festoyer quand il n'y a pas lieu de festoyer.

Quand nous étions encore en train de travailler à la rénovation de l'immeuble, nous avons installé un sapin de Noël sur le toit, et nous l'avons décoré de lumières. Même si l'immeuble n'était pas encore terminé, nous avons pris le temps de faire la fête.

Il est facile de se prosterner devant un maître en sa présence. Il est facile de faire la fête quand il y a quelque chose à fêter. Mais il est plus difficile et plus important de saisir en permanence le potentiel de la vie, et de créer chaque repas comme s'il allait être notre premier et notre dernier.

En offrant et en servant le repas suprême, nous ne donnons pas simplement à manger aux gens, et nous ne leur apprenons pas uniquement à faire la cuisine. Nous enseignons et nous transmettons à d'autres l'inspiration de cuisiner, pour qu'eux-mêmes enseignent et inspirent à d'autres de transmettre à leur tour cet enseignement et cette inspiration. Si vous ne faites la cuisine que pour vous, vous ne serez jamais satisfait, quelle que soit la quantité de nourriture mangée.

Ainsi, vous offrez le repas suprême, entraînant une réaction en chaîne infinie d'instructions au cuisinier. Dogen dit que chaque enseignant devrait avoir au moins un successeur et demi, au moins un étudiant et demi capable de transmettre le savoir. Si vous pouvez enseigner à plus d'une personne à cuisiner de cette manière, alors votre enseignement finira par se répandre dans tout l'univers.

CHAPITRE 18

Débarrasser la table

Un koan raconte l'histoire d'un moine se rendant auprès du maître zen Joshu, et qui l'implore :

— Je vous en prie, donnez-moi une pratique.

— As-tu mangé ? lui demande alors Joshu, ce qui veut dire dans le langage zen : « As-tu goûté à l'éveil ? »

— Oui, j'ai mangé, répond le moine.

— Bien, dit Joshu. Alors va laver tes bols.

Le « va laver tes bols » de Joshu signifie que l'éveil ne doit pas laisser de trace. Mais Joshu indique aussi combien il est difficile, voire impossible, d'éliminer toute trace. De même cette histoire de la tortue, dans un autre conte zen : la tortue laisse toujours des empreintes sur le sable, et la queue de la tortue efface les traces de pas. Mais dès lors, la queue de la tortue laisse des traces de queue !

Il est par conséquent presque impossible d'éliminer toute trace. Nous pouvons manger toute la nourriture, laver les plans de travail, faire la vaisselle et récurer les casseroles, mais nous devons alors rincer le savon des plans de travail et laver les éviers ; et du coup, nous nous retrouvons avec des éponges sales. Et en faisant un pas en arrière, nous nous apercevons que de l'eau sale s'est répandue sur le sol de la cuisine.

De même, le fait de lâcher le conditionnement ou l'attitude qui nous maintient séparés de l'instant suivant crée lui-même une certaine quantité de conditionnement, et *cela* aussi doit être abandonné.

Le « va laver tes bols » de Joshu renvoie à ce processus. Même si ce n'est pas forcément possible, nous devons essayer de ne laisser aucune trace de ce que nous avons fait. Par conséquent, on ne se promène pas en criant à tue-tête « je suis éveillé » ou « je suis l'auteur de ce produit fantastique ». Si notre éveil est authentique, il s'exprimera dans la vie de lui-même au travers de notre comportement quotidien.

Dans un monastère zen, après avoir mangé tout le contenu de leurs bols, les moines les nettoient avec du thé ou de l'eau chaude. Ils boivent ensuite l'eau. L'eau restante est alors jetée dans le jardin.

Ce « rien ne reste » sans traces a une signification spirituelle très profonde, mais aussi une application écologique très pratique. Si une quelconque trace demeure, il faut lui trouver une nouvelle utilisation, jusqu'à ce qu'il ne reste plus rien. Si vous êtes un fabricant, vous devez tenir compte de l'avenir de vos produits après leur consommation. Vous devez songer à la manière dont votre produit va disparaître. Que vous fabriquiez une nouvelle voiture, un nouveau réfrigérateur ou une nouvelle boîte à gâteaux, vous devez trouver un moyen de recycler votre création.

Si vous vous comportez ainsi, si vous vous débarrassez des traces de la voiture fabriquée, ou du merveilleux banquet que vous venez de manger, vous faites de la place, et vous êtes alors en mesure de distinguer un nouvel assortiment d'ingrédients. Éliminer les traces est par conséquent une autre manière de dire que nous nettoyons, ce qui était notre point de départ.

Ne pas laisser de traces renvoie à ce que le zen appelle la « non-dualité ». Le sujet et l'objet ne font plus qu'un. La distinction entre celui qui aide et ceux qui sont aidés disparaît, comme disparaît la distinction entre celui qui offre un cadeau et le cadeau offert, entre le cuisinier et l'invité.

Dogen ne suggère d'ailleurs pas de préparer un repas et de nettoyer ensuite. Il nous dit qu'il ne devrait pas y avoir de traces *pendant* la préparation, pour que personne ne sache ce que nous avons fait.

Nous nettoyons donc pendant que nous préparons à manger. Nous éliminons les traces au fur et à mesure. Et malgré tout, à la fin, il reste toujours une phase de nettoyage, tout comme il y en a une au début. Même si nous avons créé cette phase de non-traces, même si nous allons devoir tout recommencer, nous commençons toujours par nettoyer — quand bien même nous entrerions dans la cuisine et que tout aurait l'air déjà propre. Nous avons beau nous sentir très calmes, dans un état de profonde concentration, la voie du cuisinier zen consiste toujours à commencer par se recentrer un peu, et à retourner à l'Esprit du Débutant, pour être en mesure de nettoyer et de faire l'inventaire de nos ingrédients.

Et dès lors, nous sommes prêts à tout recommencer.

CHAPITRE 19

Recommencer

Terminer quelque chose, que ce soit un repas ou un projet, c'est voir notre monde s'écrouler. Mais cette annihilation ou consommation ne marque bien évidemment pas la fin de notre travail ou de notre vie. En terminant quelque chose, nous créons un espace pour autre chose.

Autrement dit, rien n'est jamais vraiment terminé. Aucun repas, aussi délicieux et nutritif soit-il, ne nous permettra d'arrêter de faire la cuisine ou de manger. Dans le bouddhisme, le bodhisattva fait le vœu de ne pas accéder au nirvana pour jouir de son propre éveil avant de voir *tous* les êtres vivants atteindre eux-mêmes l'éveil. Dans la mesure où de nouveaux êtres naissent chaque seconde, la réalisation de ce vœu prendra évidemment très longtemps, probablement une éternité.

Par conséquent, le travail du bodhisattva, comme le travail d'une mère, ne prend jamais fin. Ainsi, un chef est toujours affairé à préparer le repas suivant, que ce soit le repas suprême de la vacuité qui nous libère de la faim, ou le bon repas de base de la soupe populaire. L'important est de continuer à vivre notre vie le plus pleinement possible, en savourant les repas préparés, en offrant notre nourriture à tous les esprits affamés que nous invitons dans nos cuisines.

Beaucoup sont étonnés d'apprendre que j'ai déjà commencé à faire des demandes de subventions pour la rénovation de nouveaux immeubles. Je suis étonné de les savoir étonnés. C'est comme s'ils s'imaginaient que nous avons fait tout ce travail pour nous contenter de l'immeuble actuel. Mais vous ne pouvez pas vous satisfaire du repas préparé. Il faut le servir, le manger, nettoyer, ranger et avancer.

Ce projet achevé, nous disposons d'un modèle pouvant être reproduit. Mais il n'y a pas forcément à se soucier de savoir s'il sera un modèle pour d'autres, dans d'autres lieux, ou comment il pourrait l'être. Si le modèle est bon, ils l'adapteront à leur propre situation.

À regarder aujourd'hui l'immeuble, toutes ses traces de reconstruction et d'amenagement effacées, on comprend combien les ingrédients diffèrent radicalement de ceux d'il y a trois ans, à l'époque où les familles vivaient encore dans des motels et où les gamins étaient envoyés à l'école par bus. À présent, les familles vivent dans leur propre appartement, et il y a de nouveaux ingrédients. Nous avons donc un tout autre repas à préparer. Il ne ressemblera en rien à celui des trois dernières années, pendant lesquelles nous nous sommes consacrés à la rénovation d'un immeuble abandonné, pour y accueillir des familles vivant dans des motels de toute la région et leur donner un lieu permanent où vivre.

En revanche, si vous voyez les locataires de l'immeuble comme vous les voyiez il y a quelques années tandis qu'ils vivaient dans des motels, vous serez en face des mauvais ingrédients.

Nous sommes d'ailleurs en train de préparer deux repas différents. L'un aura pour résultat l'autosuffisance de dix-huit familles, et l'autre consistera à faire vivre ensemble dans un même immeuble dix-huit familles afin que cet immeuble devienne un modèle pour d'autres. Il y a par exemple au coin de la rue un immeuble résidentiel dans lequel les habitants ne se parlent pas ou ne font rien pour aider leur communauté. Notre immeuble, le Greyston Inn, pourrait donc bien finir par porter, pourquoi pas, le flambeau d'un développement de quartier.

La question du timing reste bien sûr capitale. Comme on dit, on cuisine d'abord pour soi. Avant que nos résidents puissent aller aider les autres, ils ont besoin d'œuvrer au développement de leur propre autosuffisance. Néanmoins, ils peuvent dès à présent retourner dans les motels et dire à leurs amis qu'il est possible de s'en sortir.

C'est la douzième étape d'une association comme les Alcooliques Anonymes, très similaire au vœu du bodhisattva. À chaque fois, vous faites le vœu d'aider les autres. Les habitants de Greyston Inn pourraient faire le vœu de ne pas s'arrêter d'aider les sans-abri, jusqu'à ce que plus personne ne soit à la rue. De toute façon, aider les autres est le meilleur moyen de ne pas soi-même replonger.

Au final, le vœu du bodhissatva a pour conséquence de donner aux invités les moyens de devenir eux-mêmes des cuisiniers. C'est vrai pour nous tous. Quand nous réalisons que nous cuisinons le repas de notre vie, nous pouvons alors devenir de grands chefs. Préparons ce repas, et nous nous retrouverons là où nous avons toujours été — à la maison, sur la place du marché, à la cuisine. Peut-être verrons-nous le monde différemment, mais nous continuerons à faire ce que nous avons toujours fait. En fin de compte, nous devenons ce que nous avons toujours été.

Vous devez donc débarrasser la table et tout recommencer. Mais à présent, vous démarrez d'une nouvelle position.

Car après le repas, tout a été transformé. La vie a été transformée en vie. Il est vain de laisser les ingrédients dans les placards ou les livres sur les étagères. Les installations que nous avons aménagées, tout autant que l'immeuble, doivent être utilisées. On doit y déménager les meubles, ce qui rayera les murs fraîchement peints. C'est exactement comme une nouvelle voiture : elle doit être conduite pour subir cette première égratignure. On peut alors s'en servir sans se soucier de ce qui pourrait arriver.

Les choses doivent être utilisées. Nous devons *vivre* notre vie. Le repas doit être entièrement mangé et complètement digéré. En fait, nous devrions vivre et faire usage si complètement de nous-mêmes qu'il soit impossible de savoir si l'activité a eu lieu. Quand nous faisons vraiment quelque chose complètement, il ne reste rien.

Dogen a cette parole célèbre : « Étudier le moi, c'est oublier le moi ; et oublier le moi, c'est être éveillé par toute chose. (...) Et cet éveil sans trace continue à jamais. »

ÉPILOGUE

Le troisième vœu

J'avais complètement oublié mon vœu de vivre dans les rues du Bowery. Un jour, alors que je travaillais auprès des sans-abri depuis un an, je m'en suis souvenu. J'ai tout de suite compris que je devais le réaliser.

J'ignorais bien sûr comment. L'expérience était nouvelle. Nous avons cependant été un peu aidés. Dean Morton, de la cathédrale St. John the Divine, avait dirigé dans les années soixante, à Chicago, une formation pour des pasteurs de ville. Les pasteurs et les travailleurs sociaux qui y prenaient part devaient passer quelques jours à faire l'expérience de vivre à la rue. Ils appelaient cela « faire un plongeon ».

Dean Morton s'est arrangé pour que nous puissions parler avec lui et avec quelques anciens SDF qui travaillaient pour un groupe de l'église. Il nous a conseillé de rester ouverts à l'imprévu. Les anciens SDF nous ont essentiellement donné des informations pratiques, nous suggérant des lieux où dormir et des missions où manger. Ils nous ont mis en garde contre les grands abris de la ville, car les vols, les violences sexuelles et les homicides y étaient fréquents, et de plus le sida, ainsi qu'une forme de tuberculose résistante aux médicaments, y faisaient rage. Ils nous ont également conseillé de garder nos chaussures aux pieds en dormant, afin qu'« elles ne s'en aillent pas ».

Des semaines avant le début de la retraite, nous nous sommes mis à demander de l'aide, comme le font en permanence ceux qui sont à la rue. J'avais imposé à ceux qui prévoyaient de participer à la retraite de lever des fonds pour chaque jour passé à la rue, ce qui veut dire que bien plus de personnes ont été impliquées dans la retraite que ceux qui y ont effectivement pris part. Une partie de cet argent a été versée à des associations œuvrant auprès des exclus, y compris des missions où nous avons nous-mêmes mangé, et une autre partie a été utilisée à financer un nouveau projet dont la vocation était de proposer des logements à des SDF séropositifs. Nous avons fini par récolter plus de 30 000 dollars.

D'habitude, quand nous partons en retraite, nous nous retirons à la campagne, loin des problèmes de la vie quotidienne.

Nous nous retrouvons dans un endroit où nous laissons reposer les questions qui nous assaillent, afin d'avoir un espace clair — un esprit vide — à partir duquel les considérer. Il nous arrive également de faire des retraites pour nous retrouver avec des amis ou des collègues et discuter de certaines difficultés, pour faire un brainstorming, ou pour réfléchir à des projets.

Pour cette retraite, notre approche était sensiblement différente. C'était une retraite *au cœur* des problèmes avec lesquels nous travaillions. Le cuisinier zen apprend davantage de la situation que de l'étude de la situation. C'est la différence qui existe entre lire un livre à propos de quelque chose, et goûter à cette chose-ci. Nous voulions goûter et avoir une expérience directe des ingrédients constitutifs de l'exclusion, puis laisser les solutions surgir directement de ces ingrédients. Nous avions le sentiment que si nous faisions une retraite au cours de laquelle nous serions à notre tour à la rue, nous aurions une grande chance d'apprendre quelque chose d'utile pour notre travail avec les sans-abri.

Le même principe pourrait s'appliquer en affaires. Imaginons qu'un problème apparaisse entre les employés et la direction de notre entreprise. Nous pourrions nous retirer, nous retrouver avec nos pairs, et discuter des problèmes et des conflits de la production, de la question de la propreté de la boulangerie ou des bureaux. Ensuite, nous pourrions revenir sur le site de production, et essayer de mettre nos solutions à l'épreuve.

Mais on pourrait aussi inverser les rôles, prendre le poste d'un autre salarié afin de faire l'expérience de la vie à partir d'une perspective différente. Un manager prendra la place d'un ouvrier ou d'un employé, et un employé prendra celle du manager.

Nous n'allons peut-être pas aimer le « goût » de cette expérience, mais au moins nous comprendrons, au plus profond de notre chair, quels étaient les problèmes. Quand nous faisons l'expérience de la réalité de cette façon, nous commençons à vivre dans l'inconnu, au lieu de vivre au travers de nos concepts. Et en procédant ainsi, nous avons une plus grande chance de découvrir comment utiliser et transformer ce que nous n'aimons pas pour la préparation d'un repas succulent.

Nous avons débuté notre retraite de rue avec 10 dollars en poche, ce qui représentait 2 dollars par jour, et les vêtements que nous portions. Les hommes avaient pour consigne de laisser pousser leur barbe pendant quelques jours avant le début de la retraite. Chaque participant n'avait sur lui que sa carte de sécurité sociale pour tout papier d'identité.

J'avais préparé un emploi du temps : nous étions d'accord pour nous retrouver trois fois par jour pour faire zazen ensemble et parler de ce qui nous était arrivé. Mais dès le premier jour, nous avons réalisé que cet emploi du temps ne convenait pas, car il prévoyait de s'asseoir à sept heures, or les soupes populaires ouvrent à sept heures. Puis, nous nous sommes aperçus que nous n'avions pas suffisamment de temps pour nous retrouver trois fois par jour. Pourtant notre seule occupation consistait à trouver des endroits où manger, satisfaire nos besoins naturels et dormir. Mais quand on marche d'un endroit à l'autre — il a en outre plu pendant toute la semaine —, survivre est un travail à plein temps. Nous étions confrontés à nos besoins élémentaires. Nous avons tout de même pris le temps de nous retrouver deux fois par jour pour faire zazen, dans un « parc à crack » du côté du Bowery.

Je ne savais pas à quoi m'attendre, et cette retraite a fini par être l'une des expériences les plus importantes de ma vie. Je dirais qu'au moins quatre-vingt-dix pour cent des vingt et un participants de la retraite — et qu'ils l'aient vécue à plein temps ou simplement pour quelques jours ne semble pas avoir fait de différence — ont connu des expériences plus profondes que dans presque toute autre retraite que j'ai vu quiconque faire.

Au final, personne n'a vraiment souffert. Nous ne faisions pas l'expérience d'être des exclus. Nous savions tous que nous allions retourner chez nous quelques jours après. Mais nous faisions l'expérience de vivre dans un environnement qui nous oblige à oublier tous les autres aspects de la vie, et à nous confronter à des considérations triviales : manger, dormir, survivre. Une nuit, nous avons dormi dans des cartons trouvés dans la rue. Il faisait froid, la chaussée était dure, les lampadaires brillaient, et il y a eu du bruit toute la nuit. La rue nous a complètement mis à nu.

Nous avons la plupart du temps mangé dans des missions et des soupes populaires. Nous avons assisté à des offices de gospel. Si, parmi nous, beaucoup n'aimaient pas cette idée de contraindre plus ou moins les gens à participer aux offices pour pouvoir manger, il faut reconnaître néanmoins que l'on y recevait une vraie nourriture pour l'âme. Les participants entendaient quelqu'un leur dire que Jésus les aimait tels qu'ils étaient. Nous avons rencontré bon nombre de personnes qui ont été transformées et sauvées, littéralement et spirituellement, par la nourriture offerte par la mission. J'ai pris conscience, plus encore que par le passé, combien la nourriture a besoin d'être à la fois destinée au ventre et à l'esprit.

Nous avons également fait l'expérience du rejet. On aurait dit que les gens avaient peur de nous. Notre apparence ou notre odeur ne leur plaisait pas. Dès qu'ils nous voyaient, ils faisaient demi-tour ou regardaient ailleurs ; des personnes qui, en temps normal, nous auraient témoigné du respect, comme les commerçants, ne voulaient à présent pas de nous dans leurs magasins.

Notre retraite s'est achevée par un service de Pessah et une messe de Pâques, car cette année-là, Pâques et Pessah coïncidaient. Nous avons célébré les services dehors, dans un parc devant la mairie. Alors que nous avions commencé, des sans-abri ont surgi de la pénombre, traversant le parc pour se joindre à nous et participer à ces repas sacrés. Rabbi Don Singer a parlé de la fête de Pessah, qui commémore la traversée du désert des juifs, de la captivité à la liberté. Nous avons fait distribuer du pain azyme, le pain le plus simple qui soit, fabriqué à base d'eau et de farine, sans levain. Le pain n'est pas levé, car les juifs n'ont pas eu le temps de le laisser reposer alors qu'ils tentaient de s'enfuir. Mais il a également ajouté que le pain azyme a une autre signification, une signification spirituelle : se rappeler de ne pas être « gonflé » d'ego et de ne pas être arrogant.

Puis, le père Kennedy a célébré la messe. Il a tenu l'hostie — également une forme simple de pain, une galette faite de farine et d'eau —, a dit que c'était le corps du Christ, et a offert du jus de raisin pour symboliser le sang. Puis il a cité Isaïe, qui disait qu'on ne peut connaître la plénitude avant d'avoir été brisé.

Notre repas spirituel terminé, nous avons offert un petit festin. Le camion de la boulangerie Greyston a apporté des boîtes de rain forest chocolat chip cookies, et nous avons servi de la soupe — ce que nous avions mangé pendant toute la semaine —, mais la nôtre était aux boulettes de pain azyme. C'était curieux de se tenir d'un seul coup de l'autre côté de la ligne : les rôles étaient inversés, à présent nous servions au lieu d'être servis. Mais je crois que nous y parvenions un peu mieux, en étant un peu moins gonflés, un peu plus « pain azyme » que « gâteau au fromage », pourrait-on dire, car nous avions nous-mêmes fait la queue sous la pluie, même si ça n'avait été que pour quelques jours.

Le lendemain matin, dans le sous-sol de notre zendo, nous avons récité ce chant où le repas suprême est offert à tous les esprits affamés. J'ai alors pris conscience que mes trois vœux, prononcés trente ans plus tôt, sans trop réfléchir, dans une pizzeria, s'étaient réalisés. Mais j'ai bien sûr songé aussi à tout ce qui restait encore à faire.

Et j'ai donc renouvelé mon vœu. Cela

prendra peut être une éternité pour nourrir et loger tous les fantômes faméliques de tous les mondes. Mais peu importe le temps que cela prendra, me suis-je dit. Je vais faire de mon mieux pour continuer à cuisiner et à servir le plus délicieux et le plus joyeux des festins.

Une sincère prosternation à tous les habitants du Mandala de Greyston, et tout particulièrement aux premiers occupants du 68, avenue Warburton, aux employés de la boulangerie Greyston et à tous les membres de la communauté zen de New York, pour le courage et le dévouement dont ils ont fait preuve, à travailler ainsi dans les dix directions avec toutes les parties rejetées de la société et de nous-mêmes.

Notre plus grande reconnaissance revient au maître zen Dogen et à son *Tenzo Kyokun* (Instructions au cuisinier zen), qui a été pour nous une source d'inspiration.

TABLE

LE QUATRIÈME PLAT

Des recettes pour un changement social

LE CINQUIÈME PLAT

Des recettes pour la communauté

DU MÊME AUTEUR

L'Art de la paix
Un maître zen engagé
dans le monde d'aujourd'hui
Albin Michel, 2000

La composition de cet ouvrage
a été réalisée par Nord Compo
à Villeneuve-d'Ascq,
l'impression et le brochage ont été effectués
sur presse Cameron dans les ateliers
de **Bussière Camedan Imprimeries**
à Saint-Amand-Montrond (Cher),
pour le compte des Éditions Albin Michel.

Achevé d'imprimer en mars 2002.
N° d'édition : 20634. N° d'impression : 021467/1.
Dépôt légal : avril 2002.

(18, 19) (31, 32) 34 - 45 - 57 -